Kontaktadresse nach EU-Produktsicherheitsverordnung:
produktsicherheit@fischerverlage.de

Mit nichts verbringen wir mehr produktive Lebenszeit als mit unserer Arbeit. Inmitten tiefgreifender Veränderungen in der Arbeitswelt von heute ist es wichtiger denn je, seinen eigenen inneren Kompass zu finden und eigene Maßstäbe für persönlichen Erfolg und ein gelungenes Berufsleben zu setzen. Die Autorin zeigt, dass die Idee der Berufung mehr ist als bloße Selbstverwirklichung. Sie ist eingebunden in die Vorstellung einer mit anderen Menschen verbundenen Existenz: Ein uralter Traum vom geglückten, sinnvollen Leben, der tief in unserer Kultur verwurzelt ist.

Dr. Petra Bock ist Autorin, Coach und Organisationsberaterin. Sie lebt in Berlin und arbeitet mit Unternehmen und Privatkunden in ganz Deutschland. Nach ihrer Zeit in anspruchsvollen Positionen in der Wirtschaft hat sich die studierte Politikwissenschaftlerin auf die Suche nach ihrer Berufung gemacht und sie gefunden: Heute schreibt sie Bücher und begleitet Menschen im beruflichen und privaten Kontext dabei, ihre Potenziale zu entfalten und ihre Lebensträume zu verwirklichen.

Unsere Adresse im Internet: www.fischerverlage.de

Petra Bock

Die Kunst, seine Berufung zu finden

Fischer
Taschenbuch
Verlag

5. Auflage

Hedderichstr. 114, 60596 Frankfurt am Main
Druck und Bindung: BoD – Books on Demand GmbH,
Norderstedt, Germany
ISBN 978-3-596-16166-9

für Dorit

INHALT

DANKSAGUNG

Für dieses Buch habe ich mit vielen Menschen lange Gespräche über das Suchen und Finden ihrer Berufung geführt. Besonders bedanke ich mich bei Ralf Giesen, Christina Tilmann, Katrin Wittig, Dr. Jochen Kolouch, Dr. Sarah Spiekermann, Anne-Christin Helken, Moritz David Friedrich und Kara Pientka. Dank schulde ich auch meinen Coaching-Klienten, deren Geschichten aus nahe liegenden Gründen der Diskretion nicht in dieses Buch eingeflossen sind. Sie haben mir aber die Möglichkeit gegeben, sie bei ihrer Suche zu begleiten, und daraus wertvolle Erkenntnisse darüber zu gewinnen, wie man systematisch seine Berufung suchen und finden kann. Dr. Anselm Schubert hat mir wichtige Hinweise und Anregungen zur christlichen Tradition des Berufungsgedankens gegeben. Mimi und Dr. Leo Lipis haben mir neben ihrem wertvollen Feedback auch ihren herrlichen »Blauen Salon« in Berlin-Charlottenburg zum Schreiben zur Verfügung gestellt, wenn ich aus meinen vier Wänden einmal rausmusste. Auch mein Vater Gerhard und seine Frau Monika haben mir in München Raum zu schreiben gegeben. Außerdem sind sie für mich seit vielen Jahren ein Beispiel dafür, wie eng Beruf und Berufung zusammenliegen können und wie man berufliche und private Visionen erfolgreich umsetzt. Vielfältige Anregungen und ganz praktische Unterstützung kamen von Lydia Roeber und Susanne Bartholmes. Holger Kuntze hat sich für dieses Projekt stark gemacht und war mir ein wichtiger und verlässlicher Partner auf Verlagsseite. Am meisten verdanke ich aber dem Engagement von Dorit Spiller. Ihr ist dieses Buch gewidmet.

IRGENDETWAS STIMMT NICHT

In der Nacht vom 24. auf den 25. Dezember konnte ich trotz einer guten Flasche Wein nicht einschlafen. Wenn ich die Augen schloss, hatte ich das Gefühl eines leisen, aber kalten Luftzuges über meinem Gesicht, der mich schier verrückt machte. Ich verrammelte die Fenster und Türschlitze mit sämtlichen Handtüchern, die ich auftreiben konnte, aber der Luftzug ließ nicht nach.

Wegen einer starken Nebenhöhlenentzündung hatte ich meinen Flug in den Weihnachtsurlaub nach Wien um drei Tage verschieben müssen. Aber nachdem ich die Reise hinter mich gebracht hatte, wurden die Symptome wieder stärker. Während andere gemütlich über die Weihnachtsmärkte bummelten, lag ich auf dem Sofa und starrte in den grauen Winterhimmel, viel zu erschöpft, um fernzusehen, geschweige denn etwas zu lesen. Ich sinnierte über die verschwendeten Urlaubstage, die mir vorkamen wie Vorboten eines verschwendeten Lebens. Eines Lebens, das zu einem Rhythmus zwischen Arbeit und Kranksein verkommen war. Ohne Perspektive, gefangen in einem Hamsterrad, dessen Lauf ich nicht anhalten konnte.

Und jetzt dieser unerklärliche Luftzug. Ich stand auf und ging in die Küche, um mir einen Tee zu machen.

Seit Monaten war ich unzufrieden, hatte den Eindruck, einen Beruf zu haben, der nicht wirklich zu mir passt. Wieder einmal. Denn nach erfolgreichen Jahren als Unternehmensberaterin, dann als Analystin und als Financial Consultant war ich jetzt zum dritten Mal an einen Punkt gekommen, wo nichts mehr geht. Immer dann, wenn ich eine bestimmte Position erreicht hatte, stellte ich mir die bange Frage, ob ich diesen Job jetzt mein Leben lang weitermachen müsste. Ich fühlte mich orientierungslos, denn selbst der Erfolg erlöste mich nicht von dem unangenehmen Gefühl, ausbrechen zu müssen. Erneut den Job zu wechseln, schien mir aber nicht die richtige Lösung zu sein, denn ich geriet ja immer wieder in die gleiche Sackgasse. Irgendetwas musste ich ganz grundlegend anders machen. Irgendetwas musste es doch für mich geben. Eine Tätigkeit, die mir Spaß macht, die Sinn macht und gleichzeitig genug abwirft, um mir ein gutes Leben zu ermöglichen. Im Moment verdiente ich zwar gut, Sinn und Spaß aber konnte ich nicht entdecken. Und irgendwie schwante mir, dass das mit Anfang dreißig nicht ewig so weitergehen konnte. Denn es zehrte ganz offensichtlich an meiner Substanz.

Vielen meiner Bekannten und Freunde ging es wie mir. Sie hatten ein gutes Auskommen, waren aber unglücklich mit ihrer Arbeit. Sie fühlten sich abgetrennt vom »wahren Leben«, funktionierten in einer Karriere, die nicht zu ihnen gehörte. »Sei doch froh, dass du einen Job hast«, meinten andere. Aber damit wollte ich mich nicht zufrieden geben. Auch in so genannten schlechten Zeiten nicht. Denn jeder Tag ist zu viel wert, um ihn zu verschwenden. Das zumindest wusste ich. Und deshalb war ich seit einigen Monaten auf der Suche nach meiner Berufung.

Alles hatte an einem ganz harmlosen Nachmittag angefangen, als ich mich nach einem anstrengenden Schulungstag auf das Bett meiner Unterkunft warf und launig in einer Frauenzeitschrift blätterte. Nichts Besonderes, bis ich auf eine Seite kam, die mich geradezu elektrisierte: ganzseitig im Hochglanzformat Katja, eine Bekannte aus meiner Kindheit, die ich seit über 20 Jahren vollkommen aus meinem Gedächtnis verloren hatte. Und neben ihrem Bild ein mehrseitiger Bericht über ihr Leben. Nachdem ich wieder durchatmen konnte, las ich: Katja war am Internationalen Gerichtshof in Den Haag die Strafverteidigerin der Opfer von Slobodan Milošević geworden. Binnen Sekunden ploppten Erinnerungsfenster auf. Katja war schon als Elfjährige ein Muster an Mut und Zivilcourage. Sie setzte sich für die schwächeren Kinder ein und war da, wenn man sie brauchte. Vorurteile kannte sie nicht. Sie war anders als die anderen. Lange war sie für mich vergessen und heute, in dieser Zeitschrift, begegnete ich ihr wieder. Sie hatte ganz offensichtlich ihre Berufung gefunden. Und mit dieser Überzeugung kam die Frage, die mich fortan beschäftigen sollte: Ob ich selbst das tat, was wirklich zu mir passte, ob ich das tat, was wirklich »meins« war. Die Antwort war ein klares, trauriges »Nein«. Irgendetwas stimmte nicht mit meinem Leben. Und der Artikel über Katja öffnete mir die Augen. Es war Zeit, mich ebenfalls auf die Suche nach meiner Berufung zu machen.

Es folgten Monate des Suchens und In-Frage-Stellens. Ich wollte noch mehr Menschen finden, die ihre Berufung gefunden haben. Ich wollte wissen, ob das mit der Berufung nur eine fixe Idee oder etwas Handfestes war, woran ich mich halten könnte. Etwas, das ich selbst suchen und finden könnte. Und je mehr ich las und recherchierte, desto deutlicher wurde mir, dass mein Anliegen nicht überspannt, sondern tief in unserer Kultur verwurzelt ist. Ich entdeckte, dass die Berufung eine uralte Idee von einem geglückten, sinnvollen Leben ist. Sie findet sich in den Weltreligionen genauso wie in der Philosophie oder in den Lebensläufen außergewöhnlicher Menschen. Es geht um die ganz persönliche Wahl eines gelungenen, stimmigen Lebens. Etwas, was umso wichtiger wird, je weniger Bindungen in einer Gesellschaft bestehen. Und ich war bei weitem nicht alleine mit meinen Problemen. Mit wem ich auch sprach – Ärzte, Unternehmensberater, Sekretärinnen, Juristinnen –, es schien eine Art »grassierende Sinngrippe« bei den 25- bis 40-Jährigen zu geben.

Eine Journalistin nannte das Phänomen kürzlich die »Quarterlife-Crisis«. Und die sieht so aus: Viele Menschen haben heute schon zu einem relativ frühen Zeitpunkt ihres Lebens einiges erreicht. Nach den ersten, oft sehr erfolgreichen Berufsjahren stellen sie aber fest, dass ihre Tätigkeit sie nicht wirklich befriedigt. Ärzte mit herrlichen Praxen, die sich jeden Tag fragen, wie lange sie noch diesen Ort der Mühsal und Selbstverleugnung aufsuchen sollen. Unternehmensberater mit horrenden Tagessätzen, die morgens auf dem Weg zum Flughafen den Taxifahrer um seinen Job beneiden. Assistentinnen, die sich für ihren Chef und ihr Team ein Bein ausreißen und sich abends fragen, woher sie die Kraft für den nächsten Tag nehmen sollen. Nach außen erfolgreich, sehen sie sich selbst mit einem existenziellen Scheitern konfrontiert: Sie verbringen den Großteil ihrer produktiven Lebenszeit mit Tätigkeiten, die ihnen weder Spaß machen noch sinnvoll erscheinen. Dann fragen sie sich: Irgendwo muss es doch sein, das wahre Leben, das scheue Tier, das man gerne öfter sehen möchte. Und wie steht es mit denen, die froh wären, einen Arbeitsplatz zu haben? Auch bei ihnen habe ich dieses innere Unglücklichsein erlebt. Sicher, sie wären froh um einen Job, aber wenn die Angst vor dem Verlust der Existenzgrundlage vorbei ist, fragen sie sich, ob es wirklich alles sein soll, was sie vom Leben erwarten dürfen. Und ob sie nur dann zählen, wenn sie irgendeinen Brotberuf vorweisen können. Ob sie ihr ganzes Leben nach dem Job ausrichten sollen. Ist das Leben nun für den Job da oder der Job für das Leben? Für viele von ihnen ist diese Krise eine große Chance, sich grundsätzlich Gedanken über ihr Leben zu machen. Denn jede Krise ist bestens für einen Neuanfang geeignet. Und wenn man in einem Beruf, den man nicht mochte, keine Chancen mehr hat, dann ist es geradezu ideal, etwas Neues anzugehen.

Aber wie findet man das, was zu einem passt? Auf den kommenden Seiten geht es darum, wie man seine Berufung findet und umsetzt. Quer durch die Epochen gab und gibt es Menschen, die ihre ureigene Lebensaufgabe, ihre ganz persönliche Vision gesucht und gefunden haben. Sie haben die Idee von der Einzigartigkeit eines jeden Lebens ernst genommen und nicht nur auf ihr Privat-, sondern auch auf ihr Berufsleben, ihre Lebenstätigkeit bezogen. Nicht nur mit dem, was sie denken, sondern auch mit dem, was sie tun, leben sie authentisch. Mit einigen habe ich persönlich gesprochen, andere haben in früheren Jahrhunderten gelebt und mit ihrer Biographie ein Beispiel für die Nachwelt gegeben. Lernen kann man von ihnen allen. Denn sie haben einen Prozess durchlaufen, der als Anleitung dazu dienen kann, ganz bewusst auf die Suche nach der eigenen Berufung zu gehen.

Schon die Suche ist für viele Menschen wie ein Aufwachen nach langen Jahren eines mehr oder weniger unbewussten Lebens. Es ist aufregend, seine eigenen Wurzeln zu suchen, die Gegenwart danach zu erforschen, was gut ist, und sich echte Träume für die Zukunft zu erlauben. Es ist neu und ungewohnt, sich Zeit zu lassen, damit die Inspiration kommt, die mit jedem »Berufungserlebnis« einhergeht. Seine Berufung zu suchen und zu finden ist kein Ergebnis von Berufsberatung oder psychologischen Tests, sondern ein ganz und gar kreativer Prozess. Im Mittelpunkt steht dann nicht irgendein Kunstwerk, sondern das eigene Leben – wahre Lebenskunst. Wie sieht so ein kreativer Prozess, eine kunstvolle Persönlichkeitsentwicklung, aus? Zuerst kommt eine Phase des Nachdenkens, des Sichtens, des Beschaffens von Informationen. Zu diesem Zeitpunkt ist die analytische »linkshirnige« Denktätigkeit gefragt.

Dann folgt eine Inkubationsphase, in der man mit den Überlegungen der ersten Phase »schwanger« geht. Die rechte Gehirnhälfte – eher bildhaft als sprachlich – übernimmt die Führung. Darauf folgt ein Moment der Inspiration. Bilder, Gefühle, Gedankenketten stellen sich wie von selbst ein und vermitteln ein Gefühl tiefer Wahrheit und Wahrhaftigkeit. Ist die Idee geboren, geht es darum, sie zu prüfen. Wieder ist der kritisch-rationale Geist gefragt. Auch dann, wenn die Idee in die Realität umgesetzt werden soll. Sind all diese Phasen des kreativen Prozesses durchlaufen, ist etwas Neues entstanden. Innenwelt, Selbstbild und Umwelt fangen an, zusammenzupassen und ein befriedigendes Gefühl von Stimmigkeit zu vermitteln. Viele haben den Eindruck, dass das neue Wissen aus einer anderen Welt stammt. In früheren Jahrhunderten war man davon überzeugt, dass jede Inspiration von Gott stamme. In unseren viel nüchterneren Zeiten müssen wir keinen Gott bemühen, wenn wir nicht wollen. Eine Übereinstimmung der eigenen Werte mit der eigenen Person ist so normal, wie sich in einem gesunden, fitten Körper wohl zu fühlen. Wie die einzelnen Bestandteile unserer physischen Realität, unseres Körpers, gut genährt und gepflegt zusammenarbeiten können, so kann es auch eine Harmonie zwischen Selbstkonzept, Persönlichkeit und beruflicher Welt geben, die als »schön« und »gesund« erlebt wird. Seine Berufung zu finden und zu leben wäre dann nicht mehr und nicht weniger als ein Akt psychisch motivierter Lebenshygiene.

Ist die Berufung einmal gefunden, bleibt sie auch. Eine tiefe Gewissheit nimmt sich Raum. Die alten Fragen haben ein Ende. Aber es kommen neue. Dann geht es darum, das Entdeckte in das alte Leben zu integrieren, neu anzufangen und den Erfolg zu haben, den man sich wünscht. Da gibt es die Notwendigkeit, Geld zu verdienen, einen neuen Tagesrhythmus zu finden, seine Familie und Freunde »einzuweihen«, sie für die eigenen Pläne zu gewinnen und schließlich mit den eigenen Anfechtungen zurechtzukommen.

Folgen wir dem Psychologen C. G. Jung, dann ist es ein ganz natürlicher Trieb, nach der eigenen Berufung zu suchen. Jung, er lebte zwischen 1875 und 1961, ging davon aus, dass sich jeder Mensch eine ganz eigene soziale Maske erschafft, mit der er sich unter andere Menschen begibt. Er oder sie empfindet sich dann als kongruent und stimmig, wenn diese Maske zu der selbst empfundenen Persönlichkeit passt. Wenn sie seinen innersten Werten, seinen Fähigkeiten und Idealen entspricht. Tut sie das nicht, entstehen Stress, Depression und das Gefühl, ein Leben in einer falschen Haut zu führen. Auf der einen Seite meine man, so Jung, sich selbst verleugnen zu müssen, und auf der anderen sei man gezwungen, sich zu verwirklichen.[1] Der Beruf ist ein Teil dieser sozialen Maske. Wenn er nicht passt, fühlen wir uns unwohl. Ist der Schmerz groß genug, führt er im günstigsten Fall zu einer Entwicklung. Einer Entwicklung, die zu mehr Authentizität führt. Dann wird die Maske der Persönlichkeit angepasst, und nicht umgekehrt.

Nach Jung haben wir eigentlich auch keine andere Wahl. Denn unser Leben ist ein großer Entwicklungsprozess, der so genannte Individuationsprozess, in dem wir immer mehr den Kern unserer Persönlichkeit entdecken und in der Welt verwirklichen. Um diesen Persönlichkeitskern geht es, wenn wir unsere Berufung suchen. Wir müssen eine dicke Staubschicht aus Fremdbildern, Erwartungen und falschen Anforderungen an uns selbst entfernen, um den Grund der eigenen Persönlichkeit freizulegen.

Kommen wir damit wieder zurück zur Ära der »Selbstverwirklichung«? Ich kann mich noch gut daran erinnern wie es war, als meine Mutter Anfang der 1980er Jahre aus ihrem ersten Griechenlandurlaub zurückkam. Abgesehen davon, dass mein Bruder und ich von diesem Tag an mehrere Wochen lang zum Mittagessen griechische Folkloremusik hören und Gyros mit Zaziki essen mussten (was uns bei unseren Spielkameraden nicht nur Sympathien einbrachte), schwärmte sie unentwegt von den imposanten Aussteigern, die sie dort kennen gelernt hatte. Bärtige Männer aus Castrop-Rauxel, die nun in einer urigen Kate mit Blick über das Mittelmeer wohnten und meine Mutter unangenehm mit den Realitäten einer niederbayrischen Kleinstadt in der Ära Franz Josef Strauß konfrontierten. Zu Hause besangen Liedermacher wie Konstantin Wecker oder Herman van Veen das alternative, das wahre Leben, außerhalb der spießigen, so genannten »spätkapitalistischen« Gesellschaft.

Sind die Menschen, die heute ihre Berufung suchen, nichts anderes als die »Aussteiger« unserer Elterngeneration? Ich glaube nicht. Die echten Aussteiger, wie es sie in den 1960er und 1970er Jahren gab, sind heute eine verschwindende Minderheit. Vor zwanzig Jahren rechnete man noch mit einer Massenbewegung aus der Gesellschaft heraus. Gisela Graichen und Nanou Ellerbrock berichteten in ihrem 1980 erschienenen Buch »... mir reicht's. Gespräche mit Aussteigern« von Prognosen, nach denen im Jahr 2000 neunzig Millionen Amerikaner als Aussteiger außerhalb der Leistungsgesellschaft leben würden. Natürlich wissen wir heute, dass es in Wirklichkeit ganz anders kam. Just zur Jahrtausendwende befanden wir uns auf dem Höhepunkt der so genannten »New Economy«, in der ein Aussteigerleben alles andere war als ein geruhsamer Aufenthalt in den Bergen von Sardinien oder Korsika. Doch ein Leben außerhalb der Gesellschaft ist auch nach dem Platzen der Internet-Blase nicht das, was die meisten suchen, wenn sie davon sprechen, ihre Berufung zu suchen. Die meisten haben eher das Gefühl, zu sehr außerhalb zu stehen oder an einem Platz zu sein, den andere Menschen, nicht sie selbst, für sie vorgesehen haben. Oft geht der Suche ein jahrelanger Weg voraus, in dem diese Leute ihren eigenen Erwartungen und denen ihrer Familie entsprochen haben, bis sich ein innerer Anteil so stark zu Wort meldete, dass sie ihn nicht mehr überhören konnten: Ist das wirklich meine Berufung? Ist es das, was ich in diesem Leben machen will? Die Sehnsucht unserer Zeit scheint es zu sein, selbst gewählt und im Einklang mit der eigenen Persönlichkeit Zugehörigkeit zur Gesellschaft zu erleben.

Eines haben die Aussteiger von damals mit den Berufungssuchenden von heute gemeinsam: eine im Anfang strikt egozentrische oder selbst-bezogene Perspektive. Seine Berufung zu suchen, zu finden und zu leben ist buchstäblich eine Reise zur Mitte des eigenen Ichs – und nichts anderes bedeutet Egozentrik: Das eigene Leben, nicht die Interessen anderer, steht im Mittelpunkt. Dahinter könnte es sich enthüllen, das Selbst, das die gesamte Persönlichkeit trägt, wenn C. G. Jung Recht hat. Als Kind habe ich mich immer über eine Reise-Werbung gewundert, die »Urlaub vom Ich« versprach. Seine Berufung zu leben bedeutet, das, was normalerweise der Urlaub bieten soll, als Alltag zu erleben: eine konsequente Orientierung auf eigene Bedürfnisse und ein erfülltes Leben. Dann empfindet man das Ich nicht mehr als Last, von der man Urlaub nehmen soll. Die Grenzen zwischen Arbeit, Freizeit und Urlaub werden fließend. Das Leben wird wieder zu einer Einheit, die Momente der persönlichen Produktivität, des positiven Stresses, des Flow und des Mittendrin-Seins im Leben mit Momenten der Ruhe, des Spiels und der Entspannung verbindet. Doch wieder ein typischer »Selbstverwirklichungstrip«? So einfach ist es nicht. Menschen, die ihre Berufung gefunden haben, sind mit sich zumindest auf beruflicher Ebene im Reinen. Das gibt Ruhe und Kraft, die sie sonst in Anpassungsstress und Ärger investierten. Und Menschen, die ihre Mitte gefunden haben, werden sich anderen eher widmen als diejenigen, die noch damit beschäftigt sind, mit sich selbst zu kämpfen.

Authentisch zu leben heißt für ein soziales Lebewesen, wie es der Mensch ist, eben nicht, »Ich oder die anderen«, sondern »Ich, so wie ich bin – mit den anderen, so wie sie sind«. Leben heißt im Lateinischen »inter homines esse«, unter Menschen sein. Und sterben heißt »de-ire« – weggehen. Es scheint wichtig, erst einmal bei sich selbst Einkehr zu halten, bevor man nach außen geht und sein Leben lebt. Die eigene Berufung ist dabei genauso zentral, wie eine gute Beziehung, eine Familie oder eine geistige Heimat zu finden. Nach der Einkehr also zurück in die Welt, in die Realität, in der unter anderem auch ökonomische Gesetze ihre Wirkung zeigen. Wie verdiene ich mein Geld, wovon will ich leben?

Ich habe mich gefragt, ob es noch andere Erklärungen dafür gibt, dass das Thema heute so aktuell ist. Geht es uns einfach zu gut, wie das Modell der Bedürfnispyramide des Abraham Maslow aus den 50er Jahren nahe legte? Danach interessieren sich Menschen erst dann für ihre Selbstverwirklichung, wenn sie alle anderen Bedürfnisse erfüllt haben.[2] Ist es also Luxus, sich mit der Frage nach der eigenen Berufung zu beschäftigen? Ein Luxus, den man sich nur in guten Zeiten leisten kann?

Der Psychologe Viktor Emil Frankl (1905-1997) hätte ebenso wie C. G. Jung vehement widersprochen. Frankl sah als KZ-Häftling mit eigenen Augen, wie wichtig es für das Überleben eines Menschen auch und gerade in tiefen Krisen ist, einen Lebenssinn, eine Aufgabe für sich zu erkennen.[3] Frankls Ansatz wurde also nicht am Schreibtisch entwickelt. Er stammt aus einer existenziellen, bedrohlichen und furchtbaren Krise, die der Psychologe persönlich erlebt hatte: Auschwitz und Dachau. Frankl ging selbst über die berühmte Rampe von Auschwitz und durfte den rechten Weg nehmen. Das bewahrte ihn vor den Gaskammern. Nachdem ihm Hab und Gut, das Manuskript eines in Jahren gewachsenen Buches und schließlich der eigene Name genommen worden waren, erlebte er eine Situation, in der für ihn der gesamte Sinn der menschlichen Existenz in Frage gestellt war. Wofür sollte er angesichts dieser Hölle noch leben? Als er in den Arbeitslagern des KZ Dachau mitten im Winter Gruben aus dem steinharten, vereisten Boden ausheben musste, kam ihm ein Gedanke, der sein Leben rettete und seine Theorie gebar: Er sah das Gesicht seiner Frau, die ihm erwartungsvoll und ermunternd in die Augen blickte. Dieses innere Bild, dieses Wissen um die Existenz seiner Liebe, gab ihm den Lebensmut, die furchtbaren Jahre im KZ zu überstehen. Frankl wusste zu diesem Zeitpunkt gar nicht, ob seine Frau noch lebte, und trotzdem gab ihm allein die Idee dieser Liebe die Kraft, die er brauchte. Aber Frankl machte noch eine weitere wichtige Entdeckung. Eines Tages traf er im Lager zwei Männer, die, wie so viele, jeden Lebensmut verloren hatten und Selbstmord begehen wollten. Sie sagten, sie hätten vom Leben nichts mehr zu erwarten. Da sagte Frankl zu ihnen: »Fragt euch lieber, was das Leben noch von euch erwartet!« Der eine war Vater eines kleinen Jungen, der im Ausland überlebte. Der andere hatte sein Lebenswerk, eine wissenschaftliche Buchreihe, noch nicht vollendet. Als sich die beiden Männer dieser Dinge bewusst wurden, wurde ihnen klar, dass das Leben durchaus einen Sinn hat. Beide überlebten das KZ.

Frankl hatte gelernt, dass nicht nur die Liebe eines Menschen, sondern auch eine berufliche Lebensaufgabe zu den existenziellen Koordinaten gehören. Er beobachtete daraufhin mehrfach, dass diejenigen Menschen, die einen Sinn in ihrem Leben sahen und die meinten, dass auf sie eine wichtige Aufgabe warte, eher überlebten als die, die keinen höheren Sinn in ihrem Leben sahen. Frankls aus diesen Erlebnissen entwickelte Logotherapie (Sinntherapie) hatte vor allem in den 1950er und 1960er Jahren in den USA viele Anhänger. Seine Werke erscheinen bis heute in hohen Auflagen.

Natürlich haben auch in anderen Epochen Menschen nach dem Sinn ihres Lebens und nach ihrer Berufung gesucht. Vor allem dann, wenn sie Zeugen großer Zeitenwenden waren, in denen nichts mehr sicher schien.[4] Die großen Weltreligionen erzählen viele solcher Geschichten. Ob es sich um Propheten oder Religionsgründer, um Weise oder Heilige handelt, sie alle hatten ihre Suche und ihr Berufungserlebnis. Sie waren davon überzeugt, dass es eine höhere Macht sei, die ihnen die Antworten auf ihre Fragen geben würde. Auch die alten Griechen glaubten, dass jeder Mensch einen Daimon oder einen Genius habe, den wir heute noch zitieren, wenn wir von so genannten Genies wie Einstein oder Mozart sprechen. Plato glaubte, dass jeder Mensch einen einzigartigen Daimon an die Seite bekomme, noch bevor er das Licht der Welt erblickt. Gleichzeitig suche sich die noch ungeborene Seele ein Bild aus, nach der sie leben wolle. Leider vergesse die Seele dieses Bild wieder, sobald sie auf der Welt ist. Der Daimon aber erinnere sich und mache sich bemerkbar, wenn es darum gehe, die selbst gewählte Bestimmung zu leben. Was aber tun, wenn sich dieser Daimon partout nicht an sein Urbild erinnern will? Kein Wunder, dass religiöse Menschen Hilfe von Gott erwarteten. So zum Beispiel der Kirchenvater Augustinus, der in seinen jungen Jahren eine Sinnkrise durchmachte, die sich genauso gut heute abspielen könnte.

Seltsam modern wirkt das Leben dieses Mannes aus den dunklen Jahrhunderten des untergehenden Roms. Und spannend wie ein Roman lesen sich seine »Bekenntnisse« aus dem 4. Jahrhundert nach Christus. Sie zeigen in verblüffender Offenherzigkeit, wie ein Mensch inmitten tief greifender politischer und gesellschaftlicher Umbrüche nach seinem ganz individuellen Lebenssinn suchte. Augustinus wurde im Jahr 354 mitten in das so genannte »Zeitalter der Angst« geboren, als Rom bereits in zwei Teile zerfallen und ständigen Angriffen wandernder Stämme ausgesetzt war. Zahlreiche religiöse Sekten kämpften um Anhänger unter der tief verunsicherten Bevölkerung. Den Umständen zum Trotz sollte nach dem Wunsch der Eltern etwas »Anständiges« aus dem Jungen werden. Politische oder juristische

Tätigkeiten waren im Römischen Reich traditionell die angesehensten Laufbahnen für Söhne aus guter Familie. Damals galt das Studium der Rhetorik als die beste Voraussetzung für eine steile Karriere. Augustinus erwies sich als gelehriger, begabter Schüler. Bald war er selbst Rhetoriklehrer und brachte es zu einigem Ansehen.

Er ging zunächst nach Rom und anschließend nach Mailand, das damals die Hauptstadt des Römischen Imperiums war. Äußerlich ein erfolgreicher Lebemann, der geradezu sexfixiert war, war er innerlich auf der Suche nach einer spirituellen Heimat. Das wäre für ihn wie für viele seiner Zeitgenossen der Sinn seines Lebens gewesen. Augustinus mochte ein von anderen beneidetes Glückskind gewesen sein – doch er selbst wurde dieses Lebens nach und nach überdrüssig. Damit war er nicht allein. Auch seine Freunde litten unter Gefühlen von Sinnlosigkeit und einem verschwendeten Leben. Sie fragten sich, ähnlich wie wir es heute tun, ob Erfolg in einem als sinnlos erlebten Beruf und ein luxuriöses Privatleben alles im Leben gewesen sein sollten. Also setzten sie sich eines Tages zusammen und dachten darüber nach, welche Alternativen es geben könnte.

Zuerst beschlossen sie, eine Art Kommune zu gründen, in der jeweils zwei Freunde für zwei Jahre arbeiteten, während die anderen ein ruhiges Leben in Muße und Abgeschiedenheit genießen konnten. Auf den ersten Blick eine gute Idee. Aber sie hatte einen Haken: Einige von ihnen waren bereits verheiratet und wollten nicht auf ihre Frauen verzichten. Andere aber befürchteten Streit um diese Frauen. Das ließ den unkonventionellen Plan scheitern. Augustinus flüchtete sich in seine Bücher. Sosehr ihn der christliche Glaube begeisterte, so wenig traute er sich zu, seine wesentlichen Gebote, vor allem die Keuschheit, einzuhalten. Obwohl er sich sehnlichst wünschte, sein bisheriges

Berufsleben an den Nagel zu hängen, seine Freundin zu verlassen und ein Leben in Armut und christlicher Kontemplation zu führen – er meinte, es nie zu schaffen.

Eines Tages, er jammerte sich wieder einmal vor seinem besten Freund über seine Unzulänglichkeiten aus, hörte er aus dem Nebenhaus die Stimme eines Kindes, die rief »nimm und lies, nimm und lies«. Augustinus beschloss, diese Stimme als Weisung Gottes zu nehmen. Er griff sich eine Bibel und las die erste Stelle, die ihm vor Augen kam: »Nicht Fressen und Saufen, nicht in Kammern und Unzucht, nicht in Hader und Neide, sondern ziehet an den Herrn Jesus Christus und hütet euch vor fleischlichen Genüssen.« Wie passend! Und ob Wort Gottes oder nicht – Augustinus nahm es als Berufung: »Denn kaum hatte ich den Satz beendet«, schreibt er in seinen »Bekenntnissen«, »durchströmte mein Herz das Licht der Gewissheit, und alle Schatten des Zweifels waren verschwunden.«[5] Von jenem Tag an soll es ihm gelungen sein, einen neuen Lebenswandel nach den Werten und Geboten des katholischen Christentums zu führen. Später brachte er es bis zum Bischof. Er wurde einer der großen Kirchenväter der katholischen Kirche und war eine wichtige Inspirationsquelle für Martin Luther.

Sicherlich sind die Antworten, die ein religiöser Mann wie Augustinus von Hippo für sich fand, heute nicht mehr wirklich aktuell. Sinnesverleugnung, Askese, Keuschheit und ein Warten auf dem Leben nach dem Tod – darüber sind wir zum Glück hinweg. Aber was die Spätantike, Augustinus' Ausgangssituation, mit unseren Zeiten gemein hat, ist eine Art Überdruss, rastlose Konsumorientierung und eine darunter schwelende ständige Suche nach dem großen Glück. Und auch auf diese Fragen und Probleme brauchen wir heute Antworten. Wie in allen Übergangszeiten.

Sind wir heute in einer Zeit des Wandels? Mit Sicherheit. Wahrscheinlich ist der Wandel sogar selbst das Zeichen unserer Zeit. Verantwortlich dafür könnte sein, dass sich soziale Strukturen auflösen und Werte ganz neu definiert werden. Diese Symptome finden wir sowohl in großen Zeitenwenden als auch in der Modernisierung, die Ende des 19. Jahrhunderts begann und bis heute andauert. Es gibt nur noch wenige verbindliche Erwartungen, die ernsthaft an ein Individuum gestellt und im Notfall eingefordert werden. Während im 19. Jahrhundert noch wenige äußerliche Kriterien, wie das Geschlecht, die soziale Schicht und das Land, in dem man geboren wurde, eine beinahe 100 %ige Prognose darüber zugelassen hätten, was man einmal werden würde, verfügt man heute über weit größere Entscheidungsspielräume. Die geistige Aufklärung ist Ende des 20. Jahrhunderts zusammen mit materiellem Wohlstand in den meisten westlichen Ländern angekommen. Und mit ihr die Freiheit, über ein individuelles Lebenskonzept nachzudenken. Wir kämpfen heute also nicht mehr gegen eine Gesellschaft oder eine Politik, die unsere Entwicklung behindern will, sondern gegen unsere eigenen Windmühlen im Kopf. Das Alte ist eigentlich schon vorüber. Das Neue aber noch nicht vollständig da. Vielleicht ist das Neue aber auch, dass der Wandel beständig bleibt. Und in einem Strudel des Wandels ist es sehr vernünftig, nach einem »Urgrund« zu suchen, der inneren Halt gibt.

Ich glaube, dass dieser Halt heute nicht außen, sondern innen gesucht werden muss. Religionen oder politische Ideologien geben keine Antworten auf ganz persönliche Fragen von Generationen, die durch eine Jahrhunderte währende Entwicklung hin zum Individuum gegangen sind. Heute muss jeder seine ganz persönliche Antwort finden. Die kann ihm oder ihr niemand vorgeben, sie kann nur selbst gesucht und gefunden werden. Danach, wenn man weiß, woher das eigene Leben kommt und wohin es gehen soll, kann man sich wieder öffnen und anbinden an andere Menschen. Sich den eigenen Platz suchen und ihn einnehmen, darum geht es. Nicht irgendwo hingestellt werden, wo andere meinen, dass man zu stehen hätte.

Dazu braucht man Zeit. Zeit, sich selbst zu erforschen und den Raum zu geben, intuitive Erfahrungen zu machen. Denn daher kommen die Antworten: aus den Tiefen des eigenen Selbst. Kein anderer, sei er Ratgeber, Partner, Therapeut oder Coach, kann diese Antworten geben. Selbst wenn uns ein Mensch oder irgendein Erlebnis den entscheidenden Hinweis gibt, ist es immer nur die Resonanz des eigenen Selbst, die reagiert und erkennt, ob die Idee, die sich da bietet, die eigene Berufung ist oder nicht. Das hat Vor- und Nachteile. Auf der einen Seite kann man nicht berechnen, wann man eine Antwort auf die Frage nach der eigenen Berufung hat. Auf der anderen Seite kann man nachhelfen, kann sich selbst die wichtigen und guten Fragen stellen, kann zum Experten des eigenen Lebens werden und wird neben seiner Berufung noch weit mehr aufregende Neuigkeiten über sich selbst erfahren.

Und alles beginnt mit ein paar unschuldigen Fragen, die sich scheinbar von selbst stellen. Sie kommen aus irgendeinem Winkel des eigenen Inneren und haben die lästige Angewohnheit, keine Ruhe zu geben, bis eine Antwort da ist: Irgendetwas stimmt nicht mit meinem Leben. Bin ich hier am richtigen Platz? Ist das wirklich mein Beruf, den ich da gerade ausübe? Oder spiele ich mir selbst jeden Tag Theater vor mit einer Maske, die nicht zu meinem wahren Gesicht passt? Was ist meine Lebensaufgabe? Welche Tätigkeit befriedigt mich wirklich? Womit möchte ich den Großteil meiner Lebenszeit verbringen? Was ist die Antwort?

Das Fazit der kommenden Seiten ist eindeutig: Ja, es ist möglich, seine Berufung zu finden, und ja, es ist möglich, sie zu leben. Und es ist – wie der Titel dieses Buches besagt – tatsächlich eine Kunst. Eine Kunst, die mit Irritation oder sogar einer Krise beginnt. Es ist eine Kunst, die sowohl Kunstfertigkeit als auch Inspiration voraussetzt. Eine Kunst, die jedoch jeder ausüben kann, der sich darauf einlässt, sein Leben aus einer neuen Perspektive zu betrachten. Vielleicht aus der einzigen, von der wir sicher ausgehen können und die uns das Folgende zeigt: dass das Leben einen Anfang und ein Ende hat. Dass man es ernst nehmen könnte und vielleicht auch sollte. Dass man Augen und Ohren aufmachen könnte für die inneren Bilder und inneren Stimmen, die wahrscheinlich schon lange zu einem sprechen. Und man könnte mit Hilfe seines Verstandes klare Konsequenzen daraus ziehen. Das wäre eine wahre Lebenskunst, die über das reine Reflektieren hinausgeht und Intuition, Gefühl und Verstand in sich vereint.

Es lohnt sich auf jeden Fall. Wer sich auf diesen Weg gemacht hat, der wird die tiefe innere Zufriedenheit nicht mehr missen wollen. Der Alltag hält noch genügend Probleme bereit, aber das Leben selbst ist kein Problem mehr. Ob man nun Berge versetzen wird oder einfach glücklich kleinere Brötchen bäckt – mit der frei gewordenen Energie erschließen sich ganz neue Dimensionen persönlicher Erfahrung. Ein gelungenes Leben – plötzlich scheint es möglich.

In jener Weihnachtsnacht in Wien legte ich mich nach einer Tasse Tee wieder hin und versuchte, mich in mein Schicksal zu fügen. Es muss etwa vier Uhr morgens gewesen sein und ich war gerade dabei, einzudösen, als mit einem Mal ein Ruck durch meinen ganzen Körper ging. Ich setzte mich auf, schweißnass, und rief: »Das ist es, das ist es!« Wie nach einem Unfall, der so schnell geschieht, dass man ihn nicht bewusst erlebt, musste ich mich erst zurückbesinnen, was gerade passiert war. Es war, als wäre in mir eine Tür aufgegangen: Ich sehe mich selbst an einem wunderbaren alten Schreibtisch sitzen, bei geöffnetem Fenster mit Blick auf einen Obstbaum im Garten. Es ist ein warmer Tag, ab und an summt etwas vorbei, sonst ist es still. Ich schreibe an einem Buch. Ich bin frei und leicht, meine Gedanken sind klar, als D. mir aus der Küche etwas zuruft. Ein Vermeer'scher Augenblick: das Leben ein Glück, ein Sinn. Ich hatte meine Berufung gefunden. Der Eindruck war so stark, dass ich mehrere Tage brauchte, um ihn zu verarbeiten. Es dauerte nochmals einige Wochen, bis ich alles abgewogen und geprüft hatte. Dann reichte ich die Kündigung bei meinem Arbeitgeber ein. Einige Tage später begann ich mit der Arbeit an diesem Buch.

SUCHEN

Ostern 1973. Mein Blick reicht noch keinen Meter über den Erdboden. Neben mir die Knie meines Vaters, der sich zu mir herunterbeugt. Schemenhaft nehme ich sein warmes, großes Gesicht wahr. Dann deutet er vor mir auf das uferlose Grün. Er sagt etwas zu mir. Sein Ton ist freundlich und aufmunternd. Da spüre ich ein ungeheures Gefühl in mir aufsteigen, helle Aufregung, pure Neugierde: Etwas muss zu finden sein zwischen den hellen Grasbüscheln. Wieder sinke ich in kindliche Selbstvergessenheit, diesmal eine aufregende, anregende. Ich wanke los und ziehe an meinem riesigen Vater, der in winzigen Schritten hinter mir hertippelt. Meine Mutter bleibt stehen. Sie lacht, sie freut sich. Mit einem freudigen Glucksen lasse ich meinen Blick über die Gräser hüpfen. Die Augen wollen mir schier überquellen. Da blitzt etwas auf: rot und golden inmitten des uferlosen Grüns – ein Osterei. Helle Begeisterung. Ich habe es gefunden.

Rituale des Suchens und Findens beschäftigten von klein auf meine Phantasie: das Osternest, die »entführte« Braut, der Schatz im Silbersee, die versunkene Stadt, die Insel, die noch niemand kennt. Immer wieder ziehen sich Spuren von Suche durch mein Leben: verstecken spielen, der verlorene Schlüsselbund, die Pilze im Wald, das verlegte Schulheft, etwas Essbares im Kühlschrank des Studentenheimes, die große Liebe, der neue Job. Suchen, das scheint die natürlichste Sache der Welt zu sein, auf den ersten Blick so zum Menschen zu gehören wie die Neugierde. Und selbst Tiere machen sich auf die Suche, wenn sie Hunger haben oder sich fortpflanzen möchten. Man könnte sagen, ihr ganzes Leben besteht aus Suche – unterbrochen von Momenten der Selbstbehauptung und der Erholung. Also wäre die Suche etwas von Grund auf Kreatürliches. Keine Fähigkeit und schon gar keine Kunstfertigkeit. Und dennoch scheint es für Menschen – zumindest für Erwachsene – etwas von seiner Selbstverständlichkeit verloren zu haben. Suchen ist dann etwas, was aus dem Mangel heraus geschieht. Wir suchen, weil uns etwas fehlt. Nicht weil wir Spaß daran haben. Vielen Berufungssuchenden und mir selbst ging es nicht anders. Es war niederschmetternd für mich, mit über dreißig das Gefühl zu haben, beruflich auf dem völlig falschen Weg zu sein. Mein Büroalltag war deprimierend. Ich fühlte mich fremd in meiner eigenen Haut und hatte den Eindruck, einen Beruf zu »spielen«, der gar nicht meiner war. Am Wochenende fürchtete ich mich schon vor dem kommenden Montag. Der Anpassungsdruck, den ich mir selbst auferlegt hatte, kostete mich eine Menge Energie. Ich wurde immer öfter krank.

Am Anfang war die Krise

Damals konnte ich nicht wissen, dass ich mich mit diesen Gefühlen und meinen körperlichen Beschwerden in bester Gesellschaft mit vielen Menschen befand, die danach ihre Berufung gesucht und gefunden hatten. Das Gefühl, in eine Sackgasse geraten zu sein, ist der heilsame Beginn eines völlig neuen Weges. Erst unter Schmerzen merkt man, dass etwas fehlt und dass man damit beginnen muss, zu suchen.

Rainer Maria Rilke war ein zierlicher Junge. Seine Welt war das Österreich des 19. Jahrhunderts. Aus einer Offiziersfamilie stammend, wünschten seine Eltern, dass er selbst einmal Offizier werden sollte.[6] Sie schickten ihn im zarten Alter von elf Jahren auf die Militärakademie nach Sankt Pölten. Der Junge war gescheit, aber Sport, da war er – kurz gesagt – eine Null. Und sportlich zu sein war ein Muss für einen zukünftigen Offizier. Die Sportstunden wurden zu einer reinen Qual und Rilke schämte sich für seine schlechten körperlichen Leistungen. Doch er kämpfte sich Jahrgangsstufe um Jahrgangsstufe weiter, um seinen Eltern keine Schande zu machen. Und schließlich gab es ein Fach, dass er wirklich liebte: den Deutschunterricht. Da konnte er selbstverfasste Gedichte vortragen und wurde dafür sehr bewundert. Aber auch das konnte ihn nicht davon erlösen, dass er auf einer Militärschule war und dass wohl nichts weniger zu ihm passte als eine Karriere als Offizier. Kurz vor dem Abitur wurde Rilke krank. Das war umso schlimmer, da er mit dem Abschluss automatisch einen militärischen Offiziersrang erhalten hätte. Einer weiteren Laufbahn in der Armee hätte nichts mehr im Wege gestanden. Jahrelang hatte er sich gequält und jetzt – so kurz vor dem Ziel – brach er zusammen. Es sollte sich für ihn lohnen: Bereits wenige Jahre später arbeitete Rilke als Dichter und wurde zu einem der größten seiner Zeit.

Ganz ähnlich war es bei Hugo Ball, der um 1900 die DaDa-Bewegung mitbegründete. Hugo Ball war einer der interessantesten Intellektuellen des frühen 20. Jahrhunderts. Seine

Jugend war aber alles andere als leicht. Er wuchs mit vier Geschwistern auf. Obwohl er im Gymnasium recht erfolgreich war und Philosophie und Literatur seine großen Hobbys waren, reichte das Geld der Eltern nicht, ihn studieren zu lassen. Nach dem Wunsch des Vaters sollte er eine Lehre als Kaufmann im Lederhandel beginnen. Und Ball war ein braver Junge. Er begann die Lehre.

Seine spätere Frau, Emmy Ball-Hennings, schrieb über diese Zeit: »Es war die erste Enttäuschung in seinem Leben, die er aber vor den Seinigen nicht nur geheim hielt, sondern die er zu überwinden trachtete. Er begann, sich im Verzichten zu üben, und es kam ihm eine Weile so vor, als gelänge es ihm.«[7] Ball hielt vier Jahre lang durch und beschäftigte sich nur nachts mit seinen eigentlichen Interessen: Philosophie, Literatur und Sprachen. Dann machte zuerst seine Psyche und danach sein Körper nicht mehr mit. Emmy Ball-Hennings meinte: »Vielleicht sah er ein, dass er auf seine geistigen Freuden verzichten musste, was ihm überaus schwer fiel und ihn zunächst in einen Zwiespalt brachte, der allmählich in eine Melancholie überging und bald zu einem Nervenzusammenbruch führte. Von einem Tag zum andern musste er jede Beschäftigung aufgeben und wurde so krank, dass ein Arzt zu Rate gezogen wurde, der bald als einzige Medizin das Studium empfahl.«

Ein freundlicher Arzt mit einem Blick für wahre Seelennöte holte ihn aus dem Schlamassel seines verunglückten Lebens heraus. Danach begann Ball mit einem Studium in München und lernte dort die Intellektuellen kennen, mit denen er noch so vieles auf die Beine stellen sollte.

Zwei Krisen, zwei entscheidende Brüche, die das Suchen, Finden und Erleben der eigenen Berufung überhaupt erst möglich machten. Und es ließen sich ganze Bücher mit ähnlichen Geschichten füllen. Aber wie kommt es überhaupt dazu? Warum werden Menschen nicht einfach geboren, erkennen ihre Berufung, leben sie aus – und Schluss? Wie bringt man es überhaupt fertig, so viele Jahre abseits der eigenen Gefühle, Fähigkeiten und Bedürfnisse zu leben?

Im Neurolinguistischen Programmieren geht man in Anlehnung an den Psychologen Gregory Bateson davon aus, dass unsere Identität unterfüttert ist mit Glaubenssätzen und Überzeugungen, wie die Welt ist. Diese Überzeugungen haben großen Einfluss auf die Fähigkeiten, die wir ausbilden, auf unser Verhalten und die Umwelt, die wir uns aussuchen. Alles zusammen, unsere Überzeugungen, unsere Umwelt, in der wir uns bewegen, formt wiederum unser Bild über die Welt und das Leben. Das gesamte Konglomerat nennt man im NLP die »Landkarte«, die ein Mensch von sich und der Welt hat. Die Landkarte ist niemals das Territorium selbst, sondern eben nur eine Karte davon. Wenn wir von der Welt oder vom Leben sprechen, sprechen wir also immer von unserer Landkarte von der Welt. Wie aber bilden wir unsere Landkarten? Durch Erfahrung und durch Erziehung.

Dazu gibt es zahlreiche psychologische Theorien.[8] C. G. Jung definierte es folgendermaßen: »Der Mensch kommt physisch und geistig mit einer individuellen Disposition zur Welt und wird zunächst mit dem elterlichen Milieu und dessen Geist bekannt, mit welchem er infolge seiner Individualität nur bedingt übereinstimmt. Der familiäre Geist aber ist seinerseits wieder in hohem Maße vom Zeitgeist geprägt, der an sich den meisten unbewusst ist.«[9] Dabei geht es weniger um das, was die Eltern sagen, als um das, was sie vorleben, wie C. G. Jung meinte, die »Imponderabilien der umgebenden Atmosphäre«.

Warum passen wir uns dem elterlichen Milieu an? Die meisten gehen davon aus, dass wir Menschen »Gruppentiere« sind. Wir leben in Verbänden und brauchen die Anerkennung und den Schutz der anderen, um zu überleben. Wir lernen schnell, wie wir uns zu verhalten haben, um alles richtig zu machen und dazuzugehören. Zu Beginn unseres Lebens lernen wir durch Nachahmung. Wir ahmen nach, was uns unsere Eltern vormachen, dann kommen die ersten Spielkameraden und Freunde und eines Tages die Schule, die erste Stätte, in der wir kollektive Erwartungen an uns lernen.

Je nach Zeit, Land und Kultur und sozialer Schicht, in die wir geboren wurden, wird uns anderes Verhalten vorgemacht und beigebracht. Wir lernen »gut« zu sein nach den Ansprüchen der erwachsenen Bezugspersonen. Daraus entsteht nach und nach unsere sozial manipulierte innere Welt, unsere Landkarte vom Leben. Die Vorstellungen davon, welcher Beruf richtig für uns ist, gehört ebenfalls zu dieser Landkarte. Manchmal sind es erwachsene Bezugspersonen, manchmal ist es die Clique, der man sich angeschlossen hat, die eine Rolle für uns aussuchen, und wir bemühen uns nach Kräften, sie nicht zu enttäuschen. Oder wir haben uns selbst eine Rolle gesucht, die wir bewundern. Und manchmal bewundert man genau das, was man nicht ist. Fatal. Was zunächst spielerisch abläuft, wird nach und nach Ernst und von kognitiven Überlegungen überlagert. Nicht mehr der innere Impuls zählt, sondern die Reflexion darüber, welche Rolle man einnehmen will. Wir kalkulieren, was sich lohnt, was statthaft ist, was Ansehen, Geld, Einkommen etc. bringt. Unser Kopf übernimmt die Regie. Dabei kann viel, manchmal zu viel, verloren gehen.

Der große Improvisationsschauspieler Keith Johnstone hat in seinem Buch »Improvisation und Theater« gezeigt, wie aus seiner Sicht die Schulpädagogik der 50er und 60er Jahre Kreativität und echte Originalität in seiner Generation »erstickt« hat.[10] Kinder wurden als »verrückt« dargestellt und ausgegrenzt, wenn sie über die vorgegebenen Regeln hinaus dachten. Sie lernen schnell, ihre Gedanken zu zensieren oder einfach zu verbergen. Nach außen werden sie angepasst und stumpf, ihr wahres, reiches Leben spielt sich im Inneren ab. Keith Johnstone berichtet von einem Mann, der glaubte, er habe einen Fisch im Rachen. »Der Fisch bewegte sich und bereitet ihm viele Beschwerden. Versuchte er, den Leuten von dem Fisch zu erzählen, hielten sie ihn für ›verrückt‹, und es kam zu lautstarken Auseinandersetzungen. Nachdem er mehrmals in eine Anstalt eingewiesen worden war – ohne jede Wirkung auf den Fisch –, gab ihm jemand den Rat, er solle niemandem mehr davon erzählen. Schließlich hätten ihn immer die Streitigkeiten in die Anstalt gebracht und nicht der Fisch. Es gelang ihm, sein Problem geheim zu halten, und er konnte ein ganz normales Leben führen.«

Vielleicht geht es aber gar nicht um einen Fisch im Rachen, sondern um etwas Schönes, das ein Geheimnis bleibt, weil es nicht sein darf: wie eine verbotene Liebe. Der französische Philosoph Jean-Paul Sartre war ein Einzelkind und hatte seinen Vater früh verloren.[11] Er wuchs recht einsam mit seiner Mutter im Haus ihrer Familie auf. Schon früh hatte er das Gefühl, dass er nirgends richtig hingehöre und dass er darüber hinaus keinen Besitz, kein Erbe sein Eigen nennen könne. Bereits in seinem ersten Lebensjahrzehnt hatte Sartre aber das Gefühl, zum Schreiben berufen zu sein. Er wollte sich, wenn ihm schon nichts gehöre, etwas selbst schaffen. So träumte er davon, eines Tages ein großer Schriftsteller zu sein, und las und schrieb schon als kleiner Junge. Aber er war einsam. Umgeben von erwachsenen Frauen. Ohne Vater, ohne Spielkameraden. Als er im Alter von zehn Jahren endlich in eine öffentliche Schule durfte, wollte er nichts mehr als Freunde finden und einfach dazugehören. Um nicht aufzufallen, beschloss er, seine Berufung zu verstecken. Er erzählte niemandem von seiner tiefen Gewissheit. Sondern beteiligte sich an den Spielen und Rangeleien und schaffte es auf diese Weise, von seinen Spielkameraden als einer von ihnen anerkannt zu werden. Als einfacher Junge. Später wurde er zu einem der bedeutendsten Philosophen und Schriftsteller Frankreichs.

Was können wir aus der Geschichte Sartres lernen? Menschen, die von ihrer Berufung wissen, schämen sich oft – gerade dann, wenn ihre Träume groß sind. Sie befürchten, dass ihre Umwelt kein Verständnis für ihre Vorstellungen von einem gelungenen Leben und den eigenen Fähigkeiten hat. Um sich anzupassen und in einer solchen Umwelt zu ›überleben‹, verstecken sie ihr Wissen vor anderen und verdrängen es aus ihrem Herzen. Bis sie es eines Tages wieder finden und ihren Weg gehen.

Wenn das Verstecken zur Gewohnheit wird, kann es auch sein, dass man die eigene Berufung vergisst oder sein Leben lang »in der Hinterhand« hält, ohne sie je zu verwirklichen. Viele Menschen denken sich ein Leben lang, sie seien insgeheim eine ganz andere Person. Sie zehren in schweren Stunden von diesem geheimen Wissen, aber sie setzen es nicht um. Irgendetwas hat ihnen das Gefühl vermittelt, es sei nicht in Ordnung. Ihre Landkarte ist voll von fremden Interpretationen, von Geschichten, die andere ihnen erzählt haben und die sie glauben. Diese Geschichten über das Leben und die Welt funktionieren wie eine Art Drehbuch, nach dem wir unser Leben ausrichten. Ein fremdes Drehbuch gibt das Gefühl, eine Rolle zu spielen, die nicht die eigene ist. Wieder andere erleben früh Hinweise darauf, was ihre Berufung sein könnte, lehnen sie aber ganz bewusst ab, als ob nicht sein soll, was nicht sein darf.

Moritz David Friedrich leitet das Fotoatelier »apart« im Berliner Prenzlauer Berg. Seine große Altbauwohnung in der Schönhauser Allee ist Treffpunkt für Fotografen, Models, Kunden und Künstler. Jeder bekommt eine Tasse Kaffee, viel Aufmerksamkeit und Verständnis. Moritz gehört zu den Leuten, die sich erst spät mit ihrer eigentlichen Berufung »anfreunden« konnten. Moritz' Tanten meinten schon früh, dass aus ihm einmal ein »Künstler« werden würde. Davon hielt der kleine Junge nichts, weil er bereits damals ein schlechtes Bild von Künstlern hatte. »Spinner mit schwarzen Anzügen« seien das, glaubte er auch als Jugendlicher. Wo er das aufgeschnappt hatte, wusste er selbst nicht. Aber es war einer dieser verhängnisvollen Glaubenssätze, die ihm über Jahrzehnte den Blick auf seine eigene Natur verstellten. »Künstler sind exzentrisch – das bin ich nicht«, hat er gesagt. Dass er selbst vielleicht doch ein Künstler sein könnte, glaubt er erst seit kurzem. Jetzt macht er seine Projekte mit neuem Selbstverständnis. Vielleicht hat C. G. Jung Recht, und es ist unsere ureigene Aufgabe, die eigene Geschichte zu erfinden, das eigene Drehbuch zu schreiben, um sich zu entwickeln.

Moritz David Friedrich lebt heute im Einklang mit seinen beruflichen Wünschen. Leider gibt es viele Beispiele für Menschen, die ein Leben lang mit ihrer Berufung haderten, weil sie damit nicht in die Vorstellungswelt ihrer Familien passten. Ein Leben lang mit den Erwartungen ihrer Umwelt kämpften spätere »Literatur-Stars« wie Heinrich von Kleist oder Franz Kafka. Kleist litt bis zu seinem frühen Selbstmord an Depressionen und quälte sich trotz literarischer Erfolge damit, nicht den Erwartungen an einen jungen Adeligen aus guter Familie entsprochen zu haben. Dass ihm seine Nachfahren einhundert Jahre nach seinem Tod einen Gedenkstein errichteten, der »dem Besten« der Familie gewidmet war, half ihm zu Lebzeiten wenig. Franz Kafka konnte sich, wie sein Freund Max Brod berichtete[12], sein Leben lang nicht frei machen von einem übermächtigen Vater, der aus ärmlichen Verhältnissen heraus Karriere als Kaufmann gemacht und es zu einigem Reichtum gebracht hatte.

Obwohl es Kafka schon als Student klar war, dass seine Berufung im Schreiben lag, machte er pflichtbewusst und unglücklich sein Jura-Examen und arbeitete als Beamter in einer Versicherungsgesellschaft. Auch er wurde krank und starb früh. Sein einhundert Seiten langer »Brief an den Vater« gibt Auskunft darüber, wie die Wünsche und Erwartungen der Eltern – ob sie tatsächlich so waren oder nur vom Sohn interpretiert wurden – einen tiefen Schatten über ein Leben legen können.

Auch Hermann Hesse, der trotz seiner zahlreichen weltberühmten Werke ein unglücklicher, von schwersten psychischen Krisen heimgesuchter Mann war, litt an den Erwartungen seines Elternhauses. Hesse wollte nicht nur ein guter Sohn, sondern auch ein guter Schüler, Bürger, Familienvater, Patriot etc. sein: »Diese Versuche, etwas zu sein, was er nicht war, haben ihn unglücklich gemacht«[13], schreibt ein Biograph. Hesse und Kafka sind ihren Berufungen zumindest gefolgt. Wie viele aber haben sich erst gar nicht aus dem Wendekreis der Eltern und der Familie herausgetraut und ihr Leben lang nicht das getan, was sie eigentlich wollten? In der Geschichte wird dieses Schicksal meist begabten Frauen zugeschrieben, die von den gesellschaftlichen Erwartungen an ihre Geschlechterrolle eingeengt wurden. Wenn wir sehen, wie viele nach außen erfolgreiche Männer vor allem im 19. Jahrhundert an den Erwartungen ihrer Umwelt schier verzweifelten und statt persönlicher Erfüllung Krankheit, Psychose oder gar Selbstmord wählten, können wir uns ausrechnen, wie viele von ihnen ihren Träumen, ähnlich den Frauen, gar nicht gefolgt sind.

Die Beispiele sollen nicht zu der Annahme verleiten, dass die eigene Berufung automatisch mit Abkoppelung von oder Konflikt mit der eigenen Familie verbunden ist. Es gibt ebenso Belege über Lebensläufe, in denen Menschen ohne große Umwege einem glücklichen Lebensentwurf gefolgt sind und von ihrer Umgebung ermutigt und bestärkt wurden. Der Vater von Thomas und Heinrich Mann war beispielsweise hellsichtig genug, in seinem Testament die Auflösung seines Handelshauses zu verfügen. Er wusste, dass seine Söhne Künstler und nicht Händler waren. Nach seinem Tod konnten sie mit dem ererbten Vermögen ihre literarischen Karrieren aufbauen.

Was die Menschen, die ihre Berufung, trotz Krisen und Widerstände, suchten und fanden, von den anderen unterscheidet, ist wohl vor allem eines: Sie sind nicht bereit, ihre Leben scheinbaren Notwendigkeiten zu opfern. Wenn etwas Grundsätzliches nicht stimmt, nehmen sie es wahr und betäuben sich nicht weiter mit einer Normalität, die sie unglücklich macht. Eigentlich sind sie Philosophen. Denn was die Philosophie zu ihrem Beginn am meisten beschäftigte, war die Frage nach dem gelungenen Leben.

Viele Monate habe ich in Bibliotheken verbracht, um mir das Vermächtnis der Philosophen verschiedener Jahrhunderte anzusehen. Was haben sie zum gelungenen Leben und zur gelungenen Arbeit zu sagen? Haben sie vielleicht Vorschläge, wie man das eine und das andere zusammenbringt?

Vom gelungenen Leben

Nachdem ich die Bücher zahlreicher Philosophen ausgewertet hatte, fuhr ich mit meinen Aufzeichnungen ganz hinauf in das Restaurant im Berliner Fernsehturm. Ich wollte mir meine geistige Ausbeute noch einmal gründlich aus der Vogelperspektive ansehen. Es war Frühjahr und deshalb noch leicht, einen der begehrten Fensterplätze zu erobern, ohne sich in einer langen Warteschlange einreihen zu müssen. Ich bestellte mir ein einfaches Frühstück und ließ in der Tiefe die Stadt an mir vorbeiziehen. In den Straßen herrschte Hochbetrieb. Wie an einer Perlenkette zogen sich Wagen um Wagen durch die Häuserschluchten. Kräne drehten sich im Kleinformat und am Horizont stiegen eisgraue Rauchwolken aus den Schlöten der Spandauer Industriegebiete auf. Still und geschäftig lebte die Stadt ihr Leben. Unzählige Menschen an ihren Arbeitsplätzen, in ihren Büros, in den Autos, den Zügen, Bussen und Lastwagen. Ich fragte mich, wie viele von ihnen wohl glücklich seien mit dem, was sie tun. Wie viele wohl trotzig oder gleichgültig, vielleicht auch in stiller Verzweiflung in den Wartesälen der Arbeitsämter und in ihren traurigen Wohnungen saßen und die Zeit dabei beobachteten, wie sie an ihnen vorbeilief. Dabei ist doch eigentlich alles ganz einfach.

Zwischen unserer Geburt und unserem Tod liegt eine Zeitspanne von ungefähr achtzig Jahren. In dieser Zeit haben wir uns im Wesentlichen eine Frage zu beantworten: Wie wird aus dieser Zeitspanne ein gelungenes Leben? Was müssen wir denken und tun, damit dieses eine Leben zu einem erfüllten wird? Was wir beruflich tun, ist neben den Beziehungen, die wir führen, der zentrale Punkt unseres Lebens. Mit nichts verbringen wir mehr Zeit als mit Arbeiten und – mit Schlafen. Die müde Bedienung, die mir mit blassem Gesicht die Kaffeetasse auf den Tisch stellte, bestätigte das eindrucksvoll. Ich sah ihr nach. Ihre Beine waren schon jetzt, kurz nach Schichtbeginn, geschwollen und stemmten sich trotzig in die ausgelatschten Bedienungsschuhe. Obwohl unsere berufliche Tätigkeit einen großen Teil der produktiven Zeit unseres Daseins einnimmt, haben die Philosophen und die Theologen diesen Bereich nur am Rande gestreift. Warum ist das so?

Vielleicht liegt es daran, dass die Arbeit bereits in den ältesten Mythen der Menschheit keinen guten Ruf hatte. Im Alten Testament ist es die Strafe Gottes für Adams Sündenfall, dass er seinen Lebensunterhalt fortan im »Schweiße seines Angesichts« durch harte Arbeit verdienen muss. In der griechischen Mythologie ist die Arbeit Ponos, ein Kind der Eris, der Tochter der Urmutter der Nacht. Sie ist ohne Vater entstanden, gemeinsam mit so »freundlichen« Geschwistern wie Hunger, Trauer, Kampf, Krieg, Mord, Lüge und Totschlag, um nur einige zu nennen[14]. Vielleicht hielten die großen Denker die Arbeit aber auch für einen so selbstverständlichen Teil der so genannten Notwendigkeiten unseres Lebens, dass sie es nicht der Mühe wert erachteten, sich darüber tiefere Gedanken zu machen.

Die vedischen Texte des alten Indien erzählen, dass die verschiedenen Berufsgruppen göttlichen Ursprungs seien. In den Rigveden wird berichtet, wie aus dem Urwesen Purusha die vier großen Kastengruppen mit ihren jeweils unterschiedlichen beruflichen Funktionen entstanden sind: »Sein Mund war zum Brahmanen (Priester), seine beiden Arme wurden zum Rjanya (Fürst, Krieger), seine beiden Schenkel zum Vaishya (Bauer), aus seinen Füßen entstand der Shudra (Sklave).«[15] Der einzelne Mensch – im Mythos stehen er und seine Bedürfnisse im Hintergrund. Gesellschaftliche Aufgaben sind wichtiger als individuelle Begabungen. Gott oder die Götter schließen keine »Verträge« mit einzelnen, herausgehobenen Individuen, sondern mit ganzen Völkern und Gesellschaften. Eine Ordnung, in der sich der Einzelne einzureihen hat.

Bei den alten Griechen hatten die Götter selbst Berufe und waren Schutzpatronen verschiedener Berufsgruppen. Humor bewiesen sie mit Hermes, der sowohl der Patron der Kaufleute als auch der Diebe war. Einer der ersten großen europäischen Denker, Platon (ca. 428–348 v. Chr.), ging davon aus, dass der ideale Staat ähnlich wie das vedische Kastensystem verschiedene Berufsstände besitzt, denen Menschen mit den jeweiligen Begabungen angehören. Platon meinte, dieser Staat brauche lediglich drei Berufsgruppen: einen Nährstand, einen Wehrstand und einen Stand der weisen Herrscher, der Philosophenkönige. Eigentlich eine einfache Idee, die zumindest die Qual der Wahl des Berufes einschränken würde. Erstaunlich war Platons progressive Einstellung zum weiblichen Geschlecht. In jedem dieser Stände konnte sich Platon auch Frauen vorstellen. Auch für ihn waren jedoch die Erfordernisse des größeren Ganzen, des Stadtstaates, wichtiger als die persönlichen Wünsche des Einzelnen. Also doch wieder nichts mit Selbstverwirklichung.

Die christlichen Kirchen betonten ebenfalls die gesellschaftliche Verpflichtung, die ein Beruf auferlegt: »Jeder diene Gott an dem Platz, an dem sein Ruf ihn erreicht hat«, steht im Korintherbrief. Ein Aufbegehren des Einzelnen zu höheren Sphären, das die Standesgesellschaft durchbrochen hätte, war tabu. Das eigentliche Ziel des Christenmenschen ist das Jenseits, für das man zumindest nach dem katholischen Glauben durch gute Taten, nicht durch persönliches Glück, bessere Startchancen hatte.

Gemeinsam ist allen diesen Vorstellungen der Gedanke, dass sich die Tätigkeit eines Menschen letztlich höheren politischen und gesellschaftlichen oder religiösen Interessen unterzuordnen habe. Das ist die wohl älteste und archaischste Form des Denkens über Beruf und Berufung. Kaum überraschend, dass auch Diktaturen und totalitäre Systeme Verfechter einer staatlichen Auswahl und Vorgabe von Berufen sind. Zum Glück sind solche Zeiten hierzulande vorbei. Doch einen verwandten Denkansatz gibt es auch in der sozialen Marktwirtschaft. Wer der Überzeugung ist, seine Tätigkeit und damit den großen Teil seiner Lebenszeit nach dem »Bedarf« der »Wirtschaft« oder der »Gesellschaft« ausrichten zu müssen, unterliegt dem gleichen archaischen Denkmuster. Wer kennt sie nicht, die Leute, die ihre Ausbildung oder ihr Studium an den so genannten Prognosen von Experten orientiert haben. Auch zu meiner Studienzeit gab es »todsichere« Tipps, dass jetzt Ingenieure, Juristen, Mediziner oder Lehrer gebraucht würden. Leider waren die Prognosen meistens veraltet, wenn man sich nach der Studienzeit aus dem Studium herausgequält hatte. Plötzlich waren andere Studienfächer gefragt. Als ob die

Prognosen für Schulabgänger von einer bösen Sphinx stammen würden, der es große Freude macht, junge Menschen auf den Holzweg zu führen. Besonders schlimm war es für diejenigen, welche die Entscheidung für ihre Ausbildung nicht aus Interesse am Fach, sondern aus scheinbar vernünftigen Erwägungen heraus getroffen hatten. Sie mussten früh die Erfahrung machen, dass es sich nicht lohnt, die eigene Persönlichkeit zugunsten von Experten-Ratschlägen hintanzustellen.

Die späteren griechischen und römischen Philosophen waren da weit pragmatischer. Selbst unabhängige Köpfe, war ihnen die Idee eines ganz persönlich geglückten Lebens näher als den Religionsführern aller Jahrtausende. Es war die »Eudaimonia«, das erfüllte Leben, dem sie oberste Priorität zuschrieben. Für Aristoteles (384/383–322 v. Chr.) waren Erfolg und Ansehen wichtige Quellen dieses erfüllten Lebens. »Gut leben« und »gut handeln« waren für ihn gleichbedeutend damit, ein »lebenswertes Leben« zu führen. Was als lebenswert zu gelten hatte, überließ er aber nicht der Einschätzung jedes Einzelnen. Er glaubte, dass ein wahrhaft gelungenes Leben auch von außen als solches erkennbar sei. Erfolg, Reichtum und ein gutes Familienleben hielt er für Zeichen dieses Lebensglücks. Voraussetzung dafür waren eine gesicherte ökonomische Existenz und stabile politische Verhältnisse.

Das höchste Glück meinte er in einem beschaulichen, auf den Erwerb von Kenntnissen und Wissen ausgerichteten Leben zu erkennen, da dieses der sich selbst schauenden geistigen Seligkeit der Götter am nächsten stehe. Eine andere lebenswerte Tätigkeit sah er in der Politik, im Engagement für die Belange der Polis-Gemeinschaft. Hätte man Aristoteles nach der Bedeutung einer Berufung gefragt, so hätte er sicher gemeint, jeder Mensch könne sich durch exzellente Lebensweise und bedeutende, bewundernswerte Handlungen ein gelungenes Leben, das dann auch ein Leben in wahrer menschlicher Berufung sei, erarbeiten. Tätigsein war für ihn ein wesentlicher Faktor dieses Lebensglücks. So weit, so gut. Aristoteles hat aber auch zwei Gedanken eingeführt, die etwas problematischer sind: die Orientierung daran, was andere über das eigene Leben denken und sagen, und die Vorstellung, dass es niedrigere und höhere Sphären von Tätigkeiten gebe.

Ich erinnere mich an Umfragen, welche für die Deutschen die angesehensten Berufe sind. Danach müsste man Richter, Professor oder Arzt sein, um ein wahrhaft geglücktes Leben zu führen. Auch hier fallen mir leider zu viele ein, die diese Berufe ausüben und alles andere als glücklich sind. Echter Reichtum ist damit auch nicht gerade verbunden und Reichtum, ja, den hätten wohl die meisten gerne. Aber ist Reichtum wirklich die Quelle des Glücks? Ist Glück nicht viel eher, das tun zu können, was man tun möchte, ohne sich andauernd über das finanzielle Auskommen Gedanken machen zu müssen?

Sehen wir uns weiter in der Gedankenwelt der alten Griechen und Römer um, so fallen einige Ansätze auf, die dem heutigen Sucher mehr »Fleisch« bieten. Eine radikale Hinwendung zum eigenen Lebensglück betrieben griechische und römische Philosophen, die in politisch unruhigen Zeiten lebten: Sie dachten angesichts politischer Missstände über Alternativen zum nach außen tätigen, den öffentlichen Ämtern gewidmeten Leben nach. Zu starkes, ernsthaftes Engagement für sich und andere war in ihren Augen einfach nur gefährlich und damit aus der Sicht des Individuums dumm. Eine Erfahrung, die viele Menschen teilen, die in der DDR gelebt haben. Zwei Schulen vertraten Gedanken dieser Art. Die des Epikur und die der Kyniker.

Der griechische Philosoph Epikur lebte unter ganz anderen politischen und gesellschaftlichen Verhältnissen als Aristoteles. Die stabilen Stadtstaaten, die den wohlhabenden adeligen Männern alle Freiheit und Handlungsmöglichkeiten gegeben hatten, waren untergegangen. An ihre Stelle trat die königliche Herrschaft Alexander des Großen. Das persönliche Schicksal des Einzelnen war abhängig von äußeren Umständen. Umso mehr interessierte sich Epikur für ein Konzept gelungenen Lebens, das mehr verinnerlicht und unabhängig von äußeren Umständen wie Politik oder Wohlstand war. Epikur riet den Menschen, sich sowohl von Begehrlichkeiten als auch Ängsten zu befreien und im Zustand heiterer Gelassenheit die Dinge zu tun, die Vergnügen bereiten. Für ihn war ein Leben dann gelungen, wenn man sowohl frei von leiblichen Nöten wie Hunger oder Durst als auch von »seelischer Bedrängnis« oder »Verwirrung« war.

Epikur verlangte vom gelungenen Leben aber nicht unbedingt ein Tätigsein. Sich zu sehr in die Geschäfte der Welt zu verstricken schien ihm dem persönlichen Glück eher abträglich, da die Chance auf Enttäuschungen doch recht groß sei. Bringen wir auf den Punkt, was er meinte: versuchen, es sich gut gehen zu lassen und sich nicht allzu sehr einzumischen oder dem Blick der Mächtigen auszusetzen. Eine Philosophie der privaten Nische. Als der Fernsehturm, auf dem ich mich gerade drehte, im Ostteil Berlins als Wahrzeichen der Hauptstadt der DDR gebaut wurde, wäre das eine gar nicht so schlechte Idee gewesen. Eine Philosophie mit Charme, die aber wenig mit Berufung zu tun hat und in unseren Zeiten, wo kein Hahn danach kräht, was wir denken und tun, auch nicht notwendig ist.

Aber die Griechen hielten auch eine echte »Wessi«-Philosophie bereit, die das konsumverachtende Aussteigerherz auflachen lässt: Vordenker waren die Kyniker, deren berühmtester Vertreter Diogenes von Sinope (4. Jh. v. Chr.) war. Diogenes hielt Genügsamkeit und Muße ohne Verpflichtungen für das Herz menschlichen Glücks. Jede Art von Besitz und Ehrgeiz dagegen sei eine Falle, ein Gefängnis für den Menschen. Diogenes lebte in einer Tonne und es hieß, er habe sogar seinen einzigen Trinkbecher weggeworfen, als er sah, dass ein Kind Wasser aus der hohlen Hand trank. Berühmt ist die Anekdote seiner Begegnung mit Alexander dem Großen, der den Weisen kennen lernen und ihm einen Wunsch erfüllen wollte. Diogenes soll dem großen Feldherrn geantwortet haben: »Geh mir aus der Sonne!«

Die freiwillige Askese hatte bei Diogenes nichts mit dem späteren christlichen Büßer- oder Nachfolgegedanken zu tun. Die Bedürfnislosigkeit war kein ethischer Maßstab, sondern galt als Voraussetzung für ein unbelastetes, unabhängiges und damit glückliches Leben. Ich muss zugeben, dass mir die Haltung des Diogenes Respekt abringt. Aber so ein Leben in der Tonne? Mit Sicherheit gibt es auch heute Menschen, die ihm unbedingt beipflichten würden. Auf meiner täglichen Joggingstrecke komme ich an einer Wagenburg vorbei, in der junge Menschen mit Kindern in Containern und ausrangierten Wagen leben. Würde ich Diogenes' Rat folgen, müsste ich mich um einen Platz in dieser Wagenburg bewerben. Ob das der Sinn meiner Existenz ist? Wenn ich ehrlich bin, erinnert mich die Wagenburg das eine Mal an paradiesische Zustände und das andere Mal an die Lebensbedingungen nach einem Erdbeben. Vielleicht eine interessante Erfahrung – vielleicht auch nicht.

Jetzt hatte sich mein Platz im Restaurant schon weit in Richtung Osten gedreht. Schon konnte ich am nördlichen Rand die Hochhaussiedlungen von Hellersdorf und Marzahn sichten. Ich bestellte bei der graugesichtigen Bedienung noch einen Kaffee. Mein Magen war jetzt voll, aber eine wirklich anregende Philosophie aus den Schätzen der Vergangenheit war mir noch nicht eingefallen. Oder war da doch etwas, das mich auf Anhieb angesprochen hatte? Ja, da war noch was ...

500 Jahre lang spielte in der Antike die Philosophie der Stoa eine wichtige Rolle. Zwischen 300 vor und 200 nach Christus gab es zahlreiche Denker, die sich um eine vernünftige Lebensführung Gedanken machten. Einer der ersten war der Grieche Zenon, der in der »geschmückten Säulenhalle« (stoa poikile) in Athen Schüler unterrichtete. Der letzte große Vertreter dieser Philosophie war kein Geringerer als der römische Kaiser Marc Aurel. Auch für die Schule der Stoa hatte ein gelungenes Leben oberste Priorität. Ihre Anhänger stammten aus wohlhabenden Schichten in politisch unsicheren Zeiten.

Obwohl oder gerade weil die meisten von ihnen reich waren, rieten sie zu innerer Distanz gegenüber Reichtum und dem verführerischen Charme des Komforts. Nicht den Reichtum selbst sahen sie als Gefahr, sondern die persönliche Abhängigkeit von materiellen Gütern. Selbst mächtig oder abhängig von den Mächtigen, rieten sie zu einer Orientierung an der eigenen Vernunft, an ehernen Grundsätzen und zu Liebe und Milde gegenüber den Nächsten. Ein Tugendkatalog, der vom Christentum beinahe unverändert übernommen wurde. Aber das ist nicht das, was ich an der Schule der Stoa spannend und bemerkenswert fand. Es waren eher Gedanken wie diese: Es komme im Leben darauf an, die Natur der Welt und seine eigene Natur zu erkennen und danach zu leben. Aus diesem Erkennen des rechten Handelns gemäß der eigenen und allgemeinen Natur erwachse ein ebenso natürliches Lebensglück.

Die eigene, persönliche Identität zu erkennen und nach ihr zu leben war für die Stoiker ganz wichtig. Und hier finden wir auch die einzigen klaren Aussagen zum Themenkreis der »Berufung«. Die Wahl des eigenen Lebensstils, heißt es, und die Wahl der eigenen Laufbahn seien eine entscheidende Aufgabe des Menschen. Ideal erschien es ihnen, wenn ein Mensch genau den Beruf wähle, der zu seinem Innersten und zu seinen Begabungen passe. Die Stoiker rieten, sich zu fragen, welche Art von Mensch man sei, welche Art von Mensch man sein wolle und mit welcher Art von Tätigkeit man in dieser Welt sein Leben verbringen wolle.

Die Wahl dieser Tätigkeit hielt z. B. Cicero für die »schwierigste aller Entscheidungen« und schlug vor, sich seiner eigenen natürlichen Anlagen bewusst zu werden und der eigenen Neigung, dem eigenen Talent und Temperament dabei Rechnung zu tragen. Sehr modern wirkt die Vorstellung der Stoiker, dass sich ein Mensch bewusst dafür entscheiden könne, wer oder was er sein wolle. Die Beschaffenheit, die man sich selbst zu geben entschließe, müsse dabei ihrem »stimmigen Ausdruck« in bevorzugten Tätigkeitsfeldern in der Welt entsprechen. Damit gingen sie davon aus, dass das, was wir heute unter »Berufung« verstehen, eine Mischung aus natürlichen persönlichen Anlagen und freier eigener Wahl des »Tätigseins in der Welt« sei. Die Berufung wäre dann der Kern der »gelungenen Lebenswahl«.

Natürlich kannte auch ein Mann wie Cicero die Problematik der falschen Wahl. Er wusste, dass viele Menschen in jungen Jahren noch zu stark von den Eltern beeinflusst sind oder denken, das machen zu müssen, was eine Mehrheit für gut und angesehen hält. Deshalb seien sie sich oft erst nach einigen Jahren und, wie er meinte, nach eingehender Selbstprüfung im Klaren, dass sie sich in der bisherigen Wahl des Lebensweges geirrt haben. Ganz pragmatisch riet er, man solle in einem solchen Fall »auf möglichst undramatische Weise Profession und Verhaltensweisen ändern und sein Leben neu ordnen«.

Wie einfach, dachte ich mir und nippte an meinem schon beinahe kalten Kaffee. Mein Platz war jetzt nach Norden ausgerichtet. Warum fällt es dann so vielen Leuten schwer, ihr Leben möglichst »undramatisch«, wie Cicero vor 2000 Jahren so schön sagte, neu zu ordnen? Obwohl wir es heute in vieler Hinsicht leichter haben als die Menschen im alten Rom, scheint uns doch eine gewisse antike Gelassenheit und Leichtigkeit abhanden gekommen zu sein. Ob es daran liegt, dass auf die pragmatischen Gedanken der Stoiker Jahrhunderte, ja Jahrtausende der Lebens- und Selbstverachtung folgten? Liegt es daran, dass wir hierzulande einer christlichen Kultur entstammen, in der das Leben eine Last und Bürde ist, von der es sich möglichst elegant und endgültig zu befreien gilt?

Wie dem auch sei: Darüber nachzudenken, wie man denn leben wolle, schien mir ein sehr vernünftiger Vorschlag Ciceros zu sein. Dieses »wie« bezieht sich nicht nur auf den materiellen Lebensstandard, den man haben möchte. Wenn ich an meine Jahre als Unternehmensberaterin denke, fällt mir ein, dass Zeit damals der eigentliche Engpass in meinem Leben war. Mitten unter der Woche auf dem Fernsehturm frühstücken und meinen Gedanken nachhängen – das wäre mir im Traum nicht eingefallen. In einem von rechtlichen und gesellschaftlichen Bahnen vorgezeichneten Acht- bis Zwölfstundentag mit 20 oder 30 Tagen Urlaub war meine Lebensweise in wesentlichen Eckpunkten vertraglich vorgezeichnet. Ich hatte tatsächlich einen Vertrag über die Nutzung meiner Lebenszeit abgeschlossen. Und ich war tatsächlich stolz, wie teuer ich sie verkauft hatte. Hier, hoch oben über der Stadt, kam mir dieser Gedanke schon fast absurd vor. Aber ich wusste, dass eine überwiegende Mehrheit unten in den belebten Straßen der Hauptstadt sehr froh darüber ist, ihre Lebenszeit vertraglich verkaufen zu können. Und vielleicht sah ich die Dinge nach einem Marmeladen-Croissant und stark gezuckertem Kaffee mit ungebührlicher Leichtigkeit. Vielleicht würden mir diese hochfahrenden Gedanken ja auch vergehen, wenn ich wieder festen Boden unter den Füßen haben würde. Aber hier oben, wo ich mich auf kultverdächtigen Retro-Stühlen wie in einem Karussell für Erwachsene über die Stadt drehen ließ, verzieh ich mir diesen Leichtsinn.

Trotzdem war da etwas dran: Flexible Arbeitszeiten haben das berühmte »Hamsterrad« vielleicht in seiner Form verändert, nicht aber in seinem zwingenden Lauf. Manche Menschen ziehen der Sicherheit des Angestellten- oder Beamtendaseins oder den nicht enden wollenden Verpflichtungen des Unternehmertums eine moderne Form der »Tagelöhnerei« vor. Sie verkaufen »sich« zu Tagessätzen und verpflichten sich höchstens zu »Projekten«, deren Endlichkeit klar vorgezeichnet ist. Vor allem Programmierer und Unternehmensberater – hochbezahlte Berufsfelder für die so genannten »modernen Nomaden« – bevorzugen diese Zeitmodelle. Sicherlich, die Lebenszeit wird weiter verkauft, aber ein wenig mehr Spielraum zur eigenen Gestaltung ist übrig. Nach jedem Projekt kann neu entschieden werden. Es hat also Sinn, sich über die Nutzung, Vermietung, Verpachtung und den Verkauf der eigenen Lebenszeit Gedanken zu machen. Und es gibt Alternativen. So viel scheint schon mal sicher. Wenn man ein freieres Lebensmodell wählt, sollte man aber den anderen Rat der Stoiker beherzigen und nicht allzu sehr an materiellen Gütern hängen. Eine Hypothek aufs Haus hat schon manchen Menschen in eine nicht enden wollende Kredit-Knechtschaft gebracht. Trotzdem muss man von irgendetwas leben. Die wenigsten können sich wie die Stoiker auf den Reichtum ihrer Familie verlassen. Vielleicht wäre ein Kompromiss möglich: Auf der einen Seite der Job, der Spaß macht und mir das ganz profane materielle Leben ermöglicht. Auf der anderen Seite die Berufung, die Tätigkeit, die ich zutiefst im Einklang mit meiner Persönlichkeit erlebe.

Auf meinem Platz im Fernsehturm ließ ich bereits den nördlichsten Punkt rechts hinter mir. Mir fiel auf, dass es immer wieder die Pole Sicherheit versus Freiheit sind, in deren Spannungsfeld sich unser gesamtes Leben aufhält. Wie viel Risiko wir einzugehen bereit sind, wird einen wesentlichen Teil unserer Freiheit und unserer Lebensqualität bestimmen. Wer die Sicherheit wählt, wird höchstwahrscheinlich sein Leben den Zielen anderer Menschen oder Organisationen widmen. Wer seine Berufung im Bereich des Helfens und Heilens sieht, wird damit kein Problem haben. Für andere könnte es aber nützlich sein, genau darüber nachzudenken: Sind es wirklich meine Ziele und Interessen, für die ich meine Lebenszeit »verkaufe«, oder sind es die anderer Leute? Am schönsten ist es doch, die Zeit zu verkaufen, die mit den schönsten, anregendsten Dingen, also mit der Berufung, genutzt wird. Man tut das, was man ohnehin tun will, und lebt auch noch davon. Das nenne ich ein stimmiges Lebenskonzept. Und es würde die Notwendigkeit, Geld zu verdienen, auf das Eleganteste verbinden mit der Möglichkeit, ein erfülltes (Berufs)leben zu führen. Eudaimonia, das erfüllte Leben, als höchster philosophischer Zweck in seiner ganz praktischen Form.[16]

Wahrscheinlich kamen die alten Philosophen nicht darauf, weil sie aus reichen Häusern stammten und sich ein Heer von Sklaven und Frauen um das Notwendige kümmerte. Wie sähe das heute aus? Wie wäre es, wenn ich reich wäre oder Beamtin, ohne Sorge um meine finanzielle Zukunft? Vielleicht würde ich wie diese antiken Vorfahren auf der sicheren Seite leben, aber daher vielleicht auch ein wenig weiter weg von den spannenden Gefilden der Realität. Eigentlich wäre das schade, denn das Berufungs-Konzept von der Eudaimonia ist ein guter Schutz gegen Langeweile, Überdruss und Maßlosigkeit. Mein Leben hätte ein berufliches Zentrum, den größten Teil meiner Zeit verbrächte ich mit sinnvoller, erfüllender Arbeit, danach könnte ich mich meinem Partner, meiner Familie, meinen Freunden und Stunden kreativer Einsamkeit widmen. Trotzdem wäre genug »Kick« dabei, denn ich müsste mich weiterhin dem Risiko meiner materiellen Existenz aussetzen. Ein Risiko, das ich mit ziemlich allen Lebewesen teile und das mich jeden Tag erkennen lässt, unter welchen Bedingungen das Leben stattfindet.

Diesmal trank ich den Kaffee schwarz und ließ mich weiter nach Westen treiben. Schon sah ich wieder die Schlote von Spandau, während ich die dunklen Jahrhunderte des christlichen Mittelalters vor meinem inneren Auge so schnell wie möglich vorbeiziehen ließ. Über Todesbezogenheit und Lebensverachtung wollte ich an einem so sonnigen Tag in luftiger Höhe lieber nicht nachdenken. Die Philosophen der

Neuzeit begannen, sich wieder dem Leben zuzuwenden. Nicht immer kamen sie, wie z. B. der beklagenswerte Arthur Schopenhauer, zu lebensverneinenden Positionen. Der Wille und mit ihm das Leben seien der eigentliche Feind des Menschen, glaubte er. Wenn man nicht mehr wolle und keinerlei Ansprüche mehr an sein Dasein stelle, sei man noch am besten bedient. Lassen wir das beiseite. Manchmal schossen Denker in anderer Weise über das Ziel hinaus und gaben Gewalt und blindem Aktionismus, wie in Ansätzen bei Nietzsche, den Glorienschein des »wahren Lebens«. Andere flüchteten sich vor dem Wunder der eigenen Existenz ganz schnell wieder in den Schoß Gottes, wie z. B. der dänische Denker Sören Kierkegaard, der als einer der Väter der Existenzphilosophie gilt.

Im 20. Jahrhundert versuchten die so genannte Lebensphilosophie und der Existenzialismus die Bedingungen des Menschen in seiner »Geworfenheit« in das Dasein zu ergründen. Die Spanne zwischen Geburt und Tod zu begreifen und zu gestalten, immer wieder eine Wahl und damit Entscheidungen zu treffen, wurde zu einer Grundfrage, die angesichts einer bedrohlichen, gewalttätigen Zivilisation ungeheure Brisanz erhielt. Leider sagten die Existenzialisten nichts über die Frage, wie man die richtige Lebenstätigkeit finden könne.

Zugegeben, aus ihrer Sicht verständlich. Sie standen unter dem Eindruck zweier verheerender Kriege. Ich stellte mir die Schuttwüste vor, die vor einigen Jahrzehnten tief unten gelegen hatte und trotzdem den Namen Berlin trug. Einfach etwas zu essen zu bekommen und mit den schrecklichen Jahren zurecht zu kommen – die Frage nach der Existenz mag damals tatsächlich die einzig wichtige gewesen sein.

In der Zeit des Kalten Krieges standen nach fürchterlichen Zerstörungen materielle Fragen auf beiden Seiten des Eisernen Vorhangs im Vordergrund. Im Westen regierte das Ideal des Wohlstands, des Konsums, des Individualismus und des beruflichen Erfolgs. Eine armselige Konzentration auf persönliches Glück in Form materiellen Wohlstands nahm ihren Lauf, die bis heute nicht wirklich unterbrochen ist, obwohl ganze Generationen gegen diese Fixierungen auf die Barrikaden gingen. Die richtige Berufswahl war – wenn wir schmeichelhaft sein wollen – an den Gedanken des Aristoteles orientiert: reich werden und Ansehen genießen. Für ein Volk, das alles verloren hatte, inklusive seines Ansehens, ein ehrgeiziges Ziel.

Im Osten dagegen herrschte das Ideal des »Tätigseins« an sich: Nicht Beruf oder Berufung des Einzelnen waren wichtig, sondern ein Dasein als »Werktätiger« im so genannten »Kollektiv«. Obwohl es das Anliegen Karl Marx' war, den Menschen von der Entfremdung gegenüber seiner Arbeit zu befreien, wurde »Tätigsein« zum hohlen Leitbild, das nicht an der Entfaltung des Individuums, sondern an die archaische Form der Gemeinschaftsorientierung gefesselt war. Wie in grauer Vorzeit waren es wieder Mächtige, die dem Einzelnen vorgaben, was er zu tun habe und wie sein Leben zu gestalten sei. Wahrlich kein Fortschritt, trotz aller progressiven Rhetorik. Im Restaurant des Fernsehturms sind noch viele Spuren des glorreichen Sozialismus zu sehen. Vom Hörensagen wusste ich, dass die Bedienungen frech und unmotiviert waren. An diesem Morgen aber schenkte mir der Barkeeper ein Lächeln, als ich an ihm und der verlassenen Hammondorgel vorbeifuhr. Wie es wohl sein muss, wenn man in den Abendstunden hoch über dem festlich erleuchteten Berlin langsam auf die Schlagerklänge des Alleinunterhalters zu- und wieder wegfährt?

Seine Berufung zu suchen, zu finden und zu leben, ist ein Privileg unserer Zeit. Im 20. Jahrhundert hätten mich finanzielle Not und die ideologischen Stürme der Zeit davon abgehalten. Die so genannten »Neuen Frauen« in den Großstädten der 20er Jahre erlebten nur eine kurze Blütezeit. Sie konnten sich so manchen Traum verwirklichen, an den ihre Vormütter nicht einmal zu denken gewagt hatten. Einige von ihnen waren Pilotinnen, Dozentinnen, Modeschöpferinnen, Künstlerinnen oder einfach Angestellte, mit einem eigenen finanziellen Budget. Das war etwas Neues. Aber schon zu Beginn der 30er Jahre holte sie der »Zeitgeist« wieder ein.[17] Und im Jahr 1933 gab es so gut wie keinen Widerstand dagegen, zurück in die Rolle des »Heimchens am Herd« zu fallen.

In den Zeiten davor hätten wenige Koordinaten komplett über meinen Lebensverlauf entschieden: Zeit, Kultur, Geschlecht und soziale Schicht. Als Frau in früheren Jahrhunderten hätte ich mich entweder den materiellen Notwendigkeiten oder kulturellen Erwartungen ergeben müssen. Auf keinen Fall hätte ich einen anspruchsvollen eigenständigen Beruf ergriffen. Als Mann wäre es mir auch nicht viel besser ergangen. Aus wohlhabender Familie hätte ich vielleicht noch einen kleinen Auswahlrahmen besessen. Mehr aber auch nicht.

Gut, mit dem Beruf haben sich die Philosophen, die mir bisher einfielen, vor lauter Sorgen um die Existenz nicht beschäftigt. Aber nein – da fiel mir doch noch eine ein. In den Verwerfungen des Kalten Krieges hatte sich eine Philosophin bemüht, im Anschluss an die Existenzphilosophie Martin Heideggers und Karl Jaspers' einen modernen Zugang zum tätigen Leben zu gewinnen. In ihrem Buch »vita activa« definiert Hannah Arendt drei Arten des tätigen Lebens: arbeiten, herstellen und handeln.[18] Im Denken Hannah Arendts ist der Mensch von mehreren Sphären wie kreisförmig umgeben. Im innersten Kreis ist das »Private«, das Intimität zwischen Menschen im Verborgenen ermöglicht – ein Bereich, der heute – sicher zum Leidwesen Arendts – von Talkshows und Paparazzis ungebührlich »beleuchtet« wird. Diesen Lebenskreis umgebend sieht Arendt das »Gesellschaftliche«. Hier sind für sie wirtschaftliche Belange und der materielle Erhalt der eigenen Existenz angesiedelt. Arbeit und das Herstellen haben dort ihren Platz.

Der äußerste Kreis enthält das »Politische«, ihrer Ansicht nach die Krönung menschlichen Handelns, die auf große Taten für die Gemeinschaft der Menschen zielt und durch »Sprechen«, durch Kommunikation, gekennzeichnet ist. Die Arbeit ist für Arendt eine untergeordnete Beschäftigung, die lediglich dem Erhalt des Lebensnotwendigen dient, aber per se keinen eigenen Wert hat. In Anlehnung an das Modell der antiken Polis meint sie, dass echtes menschliches Tätigsein erst dann beginnt, wenn die so genannten »Notwendigkeiten« gedeckt sind. Wie bereits erwähnt: Der Herr des griechischen Hauswesens in den freien Stadtstaaten lebte von der Arbeit seiner Frau und der Sklaven und konnte seine Zeit mit Politik verbringen. Folgerichtig kritisiert Arendt, dass im 20. Jahrhundert sogar die Politik von so genannten »Jobholdern« beherrscht sei, die Politik als Beruf und als Sicherung ihrer materiellen Existenz betrachteten und damit die »schmutzige« Sphäre der Arbeit in die erhabenen Höhen der Politik hineintragen. Also nichts mit Politik als Berufung.

Arendts Kritik an der modernen Jobholder-Society mit ihrer Orientierung an rein materiellen Bedürfnissen mag in vielen Punkten auch heute viel Nachdenkenswertes enthalten. Dass es aber doch einige gibt, die nach ihrer Berufung suchen, spricht dafür, dass es den Jobholdern langsam zu schwer mit dem »Halten« ihrer Jobs wird. Arendt stellte aber weitere gute Fragen, auch wenn ihre Verehrung des Politischen heute etwas seltsam wirken mag – haben wir uns doch so gewöhnt an unsere Jobholder in der Politik und ihre Diätenerhöhungen, dass es uns schon gar keine echte Empörung mehr abringen kann.

Arendt fragte sich, warum sich die Philosophen so stark mit dem Phänomen des Todes, nicht aber mit dem der Geburt beschäftigen. Dem Geborenwerden und dem daraus folgenden Immer-wieder-anfangen-können maß Arendt eine mindestens ebenso hohe Bedeutung zu wie der Tatsache, dass wir eines Tages alle sterben müssen. Deshalb sei es ganz natürlich, meinte sie, dass sich unser Leben auf die Welt und das Diesseits konzentrieren sollte. Leben, so Arendt, bedeutet wie im Lateinischen »inter homines esse«, unter Menschen sein. Und dieses »unter Menschen sein« zwingt zu einer Hinwendung zur Welt und in ihrer Konsequenz zu einer vita activa, statt zum mönchischen Ideal der vita passiva oder contemplativa, dem passiven oder kontemplativen Leben.

Was, fragte ich mich mit Blick Richtung Zehlendorf, den Südwesten Berlins, könnte ich von Hannah Arendt in Bezug auf die Berufung lernen? Jeder hat die Chance, jederzeit einen Anfang zu machen und Neues in die Welt zu bringen. Das Diesseits, ich selbst und meine Zeitgenossen, dürfen im Mittelpunkt stehen. Neben meinem Privatleben gibt es eine Sphäre, in der ich handeln und mich zeigen kann. Das muss nicht, wie Arendt meinte, die Politik sein, aber es ist der Bereich, in den ich mich als ganzheitliche Persönlichkeit einbringe – die Welt meiner Berufung und die Welt meiner Beziehungen. Keine schlechte Ausbeute fand ich und dachte langsam ans Zahlen.

Da kamen neue Gäste, die sich an den Nebentisch setzten. Es waren ein alter Mann und ein kleines Mädchen, wohl seine Enkeltochter. Die beiden kamen mir vor wie Symbole der Gedanken, um die ich kreiste: Er, der alte Mann, hat den Großteil seines Lebens schon gelebt, sie, das Mädchen, hat es noch vor sich. Wie viel Zeit jeder von ihnen hat, weiß niemand. Sicher ist nur, dass sie begrenzt ist. Neulich, als ich auf der Akupunkturliege meiner Ärztin lag, beschwerte sich in der Nebenkabine eine alte Frau darüber, dass sie so lange warten musste. Die Ärztin, eine agile Erfolgstherapeutin, meinte recht frech, als Rentnerin habe sie doch mehr Zeit als all die Berufstätigen, die geduldig warten würden. Darauf die alte Frau weise: »Sie irren sich, junge Frau, sie haben noch weit mehr Zeit als ich.« Die alte Frau in der Nebenkabine hatte mich an einem ganz normalen Wochentag mit dem einzigen offenen Mysterium des menschlichen Daseins konfrontiert. Es ist begrenzt. Wir sollten uns deshalb darauf konzentrieren, wie wir es zu einem gelungenen Leben machen wollen.

Viele große Künstler haben diesen Gedanken als Vermächtnis zurückgelassen. Kurz vor seinem Tod komponierte Johannes Brahms die »Vier ernsten Gesänge«. Die Texte dazu stammen aus der Lutherbibel. Der Mensch und die Tiere hätten dasselbe Geschick, heißt es, denn alle müssten sterben: »So sah ich denn, dass nichts Besseres ist, als dass ein Mensch fröhlich sei in seiner Arbeit; denn das ist sein Teil. Denn wer will ihn dahin bringen, dass er sehe, was nach ihm geschehen wird?« Auch der Schriftsteller Henry James hinterließ in reifen Jahren ein ähnliches Vermächtnis. Mit 57 Jahren schrieb er seinen Altersroman »Die Gesandten«. Das Herzstück des Buches, wie er selbst sagte, verkündet der Held: »Lebe alles, was du leben kannst; es ist ein Fehler, wenn du es nicht tust. Es ist nicht so wichtig, was du im einzelnen machst, solange du nur dein Leben hast. Wenn du das nicht gehabt hast, was hast du dann gehabt?«[19]

Was brachte der Ausflug in die Philosophie, sinnierte ich, während ich das Wechselgeld in meinem Portemonnaie verstaute. Die großen Denker waren sich einig, dass ein gelungenes, glückliches Leben im Mittelpunkt menschlichen Strebens stehen sollte. Das war schon einmal etwas. Und dann die einfache, aber keineswegs triviale Einsicht, dass das Leben endlich ist. Eine Spanne, die es auszufüllen gilt. Ich kann nicht wissen, wie viel Zeit mir noch bleibt. Also besser heute als morgen damit anfangen, es selbst zu steuern, soweit das möglich ist. Und von einer passiven Haltung in ein aktives Wählen gehen.

Was man aber tun kann, um seine Berufung zu suchen und zu finden, darüber hatte ich von den Philosophen nicht allzu viel erfahren. Fest stand: Ich musste mich selbst auf die Suche machen. Pioniergeist lag in der Luft. Vielleicht würde ich ein paar Gewährsleute finden. Solche, die ihre Berufung gesucht und gefunden hatten. Inzwischen fuhr mein Tisch wieder am südlichsten Punkt vorbei. Ich nickte dem Alten und dem Mädchen freundlich zu bevor ich ging und in den Fahrstuhl mit dem höflichen Liftboy stieg. Bald sollte ich wieder festen Boden unter mir haben.

Warum Arbeit (keinen) Spaß machen darf

Mindestens so bedeutend wie die Überzeugungen, die wir von anderen über uns selbst und ein gelungenes Leben übernehmen, sind die Meinungen, die wir über die Arbeit haben.

Wer kennt sie nicht, die typischen Sprüche wie »Arbeit ist nun mal kein Vergnügen!«, »Hart arbeiten gehört nun mal zum Leben!« oder »Was erwartest du überhaupt? Dass alles nur Zuckerschlecken ist?«. Weisheiten wie diese gehören zu unseren kollektiven Überzeugungen. Gerade in einem Land wie Deutschland, das im Ausland beinahe schon als Synonym für »harte Arbeit« gilt. Diese vermeintlichen Weisheiten werden in Erfolgsratgebern, in Talkshows und in Leitartikeln von Zeitungen wiederholt. Aber auch in anderen Ländern gehört es zum kulturellen Erbe, Arbeit als Last zu empfinden und sie trotzdem zu vergöttern. Wie kommt es, dass wir bereit sind, den größten Teil unserer produktiven Zeit mit einer Bürde zu verbringen?

Auf einem Grabstein las ich einmal die Worte »Mühe und Arbeit war ihr Leben«, und ich denke, dass es die Nachkommen dieser Menschen anerkennend meinten. Ich hatte sofort ein Bild von grauen, gebeugten, von harter Arbeit zerstörten Menschen, die eigentlich ganz froh waren, als ihr letztes Stündlein schlug und ihnen die viele Mühe und Arbeit von den Schultern nahm. Dass Arbeit und Mühe ein Zwillingspärchen sind und das Leben eines Menschen adeln, ist bis heute noch eine Hintergrundgeschichte, die wie ein DOS-Programm in vielen Köpfen abläuft. Es ist eine Geschichte, die tief in unserer Kultur verwurzelt ist. Sehen wir sie einmal genauer an.

Eine der ersten Geschichten, die wir über die Arbeit kennen, ist die von der Vertreibung Adams und Evas aus dem Paradies. Adam und Eva essen von der verbotenen Frucht und dafür werden sie und ihre Nachkommen für immer aus dem Paradies vertrieben. Und zusätzlich straft sie Gott damit, dass die Frauen unter Schmerzen ihre Kinder gebären müssen und dass beide ihren Lebensunterhalt »im Schweiße ihres Angesichts« erarbeiten müssen. Arbeit und Mühe, hier tauchen sie schon gemeinsam auf – Arbeit als eine Strafe Gottes. Ein notwendiges Übel, das wir unseren Ureltern zu verdanken haben, weil sie sich nicht beherrschen konnten.

Etwas späteren Ursprungs ist der Begriff der »Berufung«, aus dem unser heutiger »Beruf« wurde. Ursprünglich hatte er nichts mit der »Strafe Arbeit« zu tun. Im Alten Testament, dem Teil der Bibel, der vor Christus geschrieben wurde und der im Judentum als das heilige Buch gilt, ist die Berufung ein direkter Befehl Gottes an einen Menschen. Die Schriftpropheten des Alten Testaments wurden quasi »vom Feld weg« von Gott angesprochen und mit einer ganz speziellen Aufgabe betraut. Sie dienten als Sprachrohr des höheren Willens, manchmal bis zu ihrem Lebensende, manchmal auch nur für kurze Zeit. Die Propheten mussten nicht suchen, sie wurden gefunden. Und ihnen war auch immer klar, wer da gerufen hatte: Gott selbst. Es war keine innere Stimme, sondern eine klar vernehmbare äußere Stimme, von der die Berufenen berichteten.

Auch im Neuen Testament ist diese äußere Ansprache durch ein höheres Wesen der klassische Weg der Berufung. Maria erfährt durch einen Engel, dass sie schwanger ist und den Sohn Gottes gebären wird. Der römische Christenjäger Saulus ist gerade auf dem Weg zu einer neuen Hetzjagd, als der Himmel aufreißt und ihn ein grelles Licht umstrahlt. »Er stürzt zu Boden«, heißt es in der Apostelgeschichte 9,3 ff., »und hört eine Stimme: ›Saul, Saul, warum verfolgst du mich?‹« Die anderen Reiter hören die Stimme ebenfalls und sind schockiert. Saulus bekommt den Auftrag, in die Stadt zu reiten und erst einmal abzuwarten. Zum gleichen Zeitpunkt erlebt ein Jünger namens Hananias eine Vision, in der ihm Gott befiehlt, zu Saulus zu gehen und ihm zu sagen, dass dieser ihn zum Werkzeug der Mission machen wolle. Er geht los und trifft an dem von Gott bezeichneten Ort den seit dem Erlebnis vor den Stadttoren blinden Saulus, der inzwischen drei Tage gefastet hat. Hananias, in diesem Augenblick selbst Werkzeug Gottes, gibt Saulus sein Augenlicht zurück und tauft ihn. Von diesem Tag an ist er einer der engagiertesten Missionare des christlichen Glaubens. Immer wieder sieht und hört er Engel, die ihm direkte Botschaften Gottes mit dem auf den Weg geben. Er wird als bedeutender Apostel in die Geschichte des Christentums eingehen.

Eine schöne Sache, sich auf göttliche Stimmen zu berufen, um den eigenen Willen durchzusetzen; das dachten sich auch schon die alten Israeliten und wollten Beweise sehen, wenn ein Prophet behauptete, im Auftrag Gottes zu handeln. Und tatsächlich gab es ein Bündel von Zeichen, die einen echten von einem unechten Propheten unterscheiden sollten. Der echte Prophet war demnach in der Lage, Krankheiten zu heilen, Menschen zu töten, ohne Hand anzulegen, oder sie wieder zum Leben zu erwecken. Auch Brot oder Wein zu vermehren, wie es mehrfach von Jesus berichtet wurde, war ein typisches Zeichen eines »echten« Berufenen. Es war das so genannte Charisma, das Gnadengeschenk Gottes, das die Berufenen erhielten, um sich zu legitimieren. Jesus selbst – mag er um die spärlichen Zeichen der folgenden Jahrhunderte gewusst haben? – riet den Gläubigen, wahre und falsche Propheten an den Folgen ihrer Worte und Taten zu messen: »An ihren Früchten werdet ihr sie erkennen!« Berufen zu sein, bedeutete für die Propheten und für die christlichen Heiligen nicht mehr und nicht weniger als einen gefährlichen, aber ehrenvollen Auftrag von höherer Stelle auszuführen. Letztlich blieb ihnen aus ihrer eigenen Sicht keine andere Wahl, als sich dem Willen des für sie höheren Wesens zu stellen. Sie hatten eine »Mission«, ein Begriff, der auch heute in beruflichen Zusammenhängen gebräuchlich ist.

Wurden sie als echte Propheten anerkannt, sicherte ihnen das hohes Ansehen. Sie fühlten sich dazu beauftragt, den Mächtigen im Lande unangenehme Dinge zu sagen und Veränderungen voranzutreiben. Nur ihre Berufung auf und durch Gott schützte sie vor dem Zorn der übrigen Zeitgenossen. Die Berufungen, von denen man im Alten und Neuen Testament liest, hatten einen politischen Charakter. Niemand wurde einfach nur so für sich allein berufen. Alle wahrhaft Berufenen hatten einen Auftrag auszuführen, einen glaubenspolitischen Auftrag, der in seinen Folgen zu großen gesellschaftlichen Umwälzungen führen konnte. Sie mussten nicht suchen, sie wurden gefunden – auserwählt, angesprochen, losgeschickt.

Während die Berufung im Alten Testament eine ganz exklusive Sache ist, wird die Berufung in den Stellen, die von der Zeit nach dem Tod Christi handeln, zu einem Massenereignis.[20] Nicht nur einzelne Auserwählte galten als berufen, sondern grundsätzlich alle Menschen, die sich dem Christentum öffneten. Gleichzeitig ging man davon aus, dass Gott jeden Menschen auf einen ganz bestimmten Platz auf Erden beruft. Im 1. Korintherbrief schreibt der Apostel Paulus (7,20) die entscheidenden Sätze: »Jeder diene Gott an dem Platz, an dem sein Ruf ihn erreicht hat. Warst du ein Sklave, als Gott dich zum Glauben rief, so mach dir nichts daraus; doch wenn sich dir die Gelegenheit bietet freizuwerden, dann nutze sie um so mehr dazu, dem Herrn zu dienen. Ein Sklave, der zur Gemeinde des Herrn berufen ist, ist schon frei, weil er dem Herrn gehört. Umgekehrt hat Christus den, der als freier Mann berufen wurde, zu seinem Sklaven gemacht. Christus hat dafür bezahlt, dass ihr jetzt ihm gehört. Darum macht euch nicht zu Sklaven menschlicher Maßstäbe! Jeder von euch, Brüder, soll an dem Platz bleiben, an dem er war, als Gott ihn rief, und er soll diesen Platz so ausfüllen, wie es Gott gefällt.« Die Botschaft ist klar: Ja, du bist berufen, lieber Christ, aber bleibe da, wo Gott dich hingestellt hat. Allzu viel Revolution wollte die neue Religionsgemeinschaft nicht heraufbeschwören; das hätte ihr angesichts der Übermacht fremder Mächte sicherlich nur geschadet.

Die Jahrhunderte vergingen und die »Berufung« erhielt nach und nach eine neue Bedeutung. Im Mittelalter, also etwa ab 600 nach Christus und das Jahrtausend danach, sprach man nur noch dann von einer *vocatio*, so heißt die Berufung auf lateinisch, wenn ein Mensch sich in den geistlichen Stand berufen fühlte. Wer den Wunsch verspürte, Mönch, Nonne oder Priester zu werden, sah sich als von Gott dazu berufen, seine Lebenstätigkeit dem Glauben zu widmen. Die Berufung wurde wieder etwas ganz Exklusives, das die Masse der Menschen nicht betraf. Übrigens berichteten viele Geistliche und Ordensleute davon, dass sie das Gefühl hatten, Gott habe sie ganz persönlich angesprochen. Ganz so, wie es den alten Propheten ergangen war. Aber viel wichtiger für unsere Frage ist: Nicht mehr der

Glaube an sich – in welchem Brotberuf auch immer – galt als Berufung, sondern die ganze Hingabe an ein gläubiges Leben als »Hauptberuf«. Eng damit verbunden war der Gedanke der Askese, des Verzichts auf weltliche Freuden und Genüsse, die es ermöglichen sollte, weniger Sünden zu begehen und so die Chancen auf einen Platz im Paradies zu erhöhen. *Ora et labora*, bete und arbeite, war eine der wichtigstem Regeln für einen frommen Ordensmann. Man ahnt, welche Mischung sich da zusammenbraute. Beruf, Arbeit, Mühe und Askese wurden im Laufe der Jahrhunderte immer enger miteinander verwoben. Der Beruf war die Berufung zum rein geistlichen Leben, das wiederum darin bestand, zu arbeiten, zu beten und sich selbst zu kasteien, um die Schuld der Erbsünde und das eigene Sündenregister vor Gott in eine bessere Bilanz zu bringen.

Das mag etwas salopp klingen, aber es ist der Kern, der Ursprung der Idee, dass Arbeit keinen Spaß machen darf und dass auch ein Beruf nichts mit Erfüllung zu tun hat.

Das war im Mittelalter. Dann kam zu Beginn des 16. Jahrhunderts Martin Luther. Er griff die Vorstellung der Kirche über die Berufung zum geistlichen Stand scharf an. Er meinte, dass jede Tätigkeit – nicht nur die geistliche – eine Berufung durch Gott sei. Jeder war nun berufen – nicht nur auserwählte Einzelne, wie es im Alten Testament steht, und auch nicht nur die, die einen geistlichen Beruf anstrebten. Streng an Paulus orientiert, gab Luther den Rat, man solle genau das als eigene Berufung ansehen, was einem in die Wiege gelegt sei, und genau das machen, was einem der Stand, in den man geboren wurde, vorgab. Wer in einer Bauernfamilie aufwuchs, dessen Berufung war es, Bauer zu sein. Handwerker hatten die Berufung zum Handwerker, Adelige zum Herrschen und so fort. Übertragen auf das Bild von der Geschichte, die wir uns über unser Berufsleben erzählen, hieße das: Erzähle dir die Geschichte deiner Eltern und dann hast du deine Berufung. Einen wichtigen Punkt haben wir Luther zu verdanken. Den Gedanken, dass die Tätigkeit, mit der man seinen Lebensunterhalt verdiente, als Beruf bezeichnet wurde und gleichzeitig eine Berufung durch Gott an diesen und an keinen anderen Platz war. Ganz tief in uns drin denken wir heute noch, dass es so etwas geben müsste wie eine Aufgabe, für die man geboren sei. Dabei dachte Luther gar nicht an persönliche Erfüllung in diesem irdischen Leben. Das wäre ihm ganz fremd gewesen.

Während der Reformation entwickelten sich verschiedene Spielarten des reformierten Glaubens. Unter anderem entstand der Calvinismus, benannt nach seinem Gründer Calvin, der in der Schweiz lebte und lehrte. Eng verwandt mit dem Calvinismus ist der englische Puritanismus, der wiederum großen Einfluss auf die Glaubenslandschaft in den Vereinigten Staaten von Amerika hatte.

In der Schweiz, England und später den USA kam es zu einer interessanten Entwicklung, die der berühmte Soziologe Max Weber bereits zu Beginn des letzten Jahrhunderts herausgearbeitet hat. Die genannten Länder haben eine wichtige Gemeinsamkeit: Sie waren Vorreiter des Kapitalismus. Vor einhundert Jahren hat Max Weber gefragt, welchen Zusammenhang es geben könnte zwischen dem Glauben einer Nation und ihrem Erfolg im kapitalistischen Wirtschaftssystem.[21] Denn es war recht auffällig, dass es calvinistische und puritanische Länder waren, die eine beeindruckende wirtschaftliche Entwicklung vorgelegt und den Kapitalismus in seiner ausgeprägtesten Form hervorgebracht hatten. Eine Frage, die Max Weber im erst relativ kurz industrialisierten Deutschland interessierte. Nun, zu welchen Ergebnissen kam er?

Zuerst einmal analysierte er die religiöse Seite seiner Frage. Ein wesentlicher Glaubensinhalt der reformierten christlichen Glaubensrichtungen war, dass Gott Menschen auserwählen würde. Man ging – einig mit Luther – davon aus, dass nicht die weltlichen Taten, sondern der unergründliche Ratschluss des Herrn darüber bestimmen würde, ob ein Mensch nach seinem Tod gerettet oder in die Hölle geschickt wird. Das ist der Kern der so genannten »Zwei-Reiche-Lehre« im Protestantismus. Es gibt das irdische Reich, das den eigenen Gesetzen folgt, und das jenseitige Reich. Ob man im Jenseits von Gott erwählt wird, hängt allein von dessen Gnade ab. Im Katholizismus dagegen ist es das Verhalten des Menschen in der Welt, das seinen Platz im Jenseits bestimmt. Der Katholik kann sich durch die Beichte von Sünden befreien und durch gute Taten sein »seelisches Konto« ins Plus bringen. Diesen Gedanken missbrauchten die Päpste zur Zeit Luthers, um einen schwunghaften »Ablasshandel« einzuführen, mit dem sich Katholiken regelrecht von ihren Sünden freikaufen konnten. In ihrer Angst vor der Hölle kauften sich viele Menschen so einen Ablass und füllten die Kassen der Päpste, die ihren Luxus damit finanzierten.

Das passte Luther gar nicht. Er wollte zurück zu einem streng christlichen asketischen Leben und entwickelte deshalb seine Zwei-Reiche-Lehre. Der Clou: Nach Luther kann ein Christ niemals sicher sein, ob Gott ihn auserwählt hat. Buße und die Bitte um Gnade sollen sein Leben gegenüber Gott bestimmen. Bei den Calvinisten und Puritanern war das anders. Sie waren davon überzeugt, dass beruflicher Erfolg auf Erden ein Zeichen für eine solche Erwählung durch Gott ist. Gut nachzuvollziehen, dass sich die Puritaner und Calvinisten in der Schweiz, England und den Vereinigten Staaten darum bemühten, ein möglichst erfolgreiches Berufsleben zu führen und hart zu arbeiten. Reichtum war schließlich ein klares Zeichen dafür, für das Paradies auserwählt zu sein.

Nun hatte dieses Konzept auch – bildlich gesprochen – seinen Pferdefuß, der die geistlichen Lehrer beschäftigte. Beruflicher Erfolg zeigte sich in Reichtum. Und Reichtum, das wusste man nicht nur aus der Bibel, war die Quelle für ein sündiges Leben. Denn wer sich alles leisten konnte, der kam eher auf »dumme Gedanken«, zumindest aus Sicht eines streng moralischen Christen. Die Lösung: Man verknüpfte den Erwählungsgedanken mit einer ausgesprochen lustfeindlichen Moral, die erst einmal klarstellte, dass das Leben auf Erden keine Freude machen dürfe, weil die eigentliche Erlösung erst im Jenseits auf den Menschen warte. Die Folgen waren abstrus: Jeder Mensch hatte zwar die Pflicht, reich zu werden, um die eigene Erwähltheit zu zeigen, durfte diesen Reichtum aber gleichzeitig nicht genießen.

Der puritanische Gelehrte Baxter meinte: »Wenn Gott Euch einen Weg zeigt auf dem Ihr ohne Schaden für Eure Seele oder für andere in gesetzmäßiger Weise mehr gewinnen könnt als auf einem anderen Wege und Ihr dies zurückweist und den minder gewinnbringenden Weg verfolgt, dann kreuzt Ihr einen der Zwecke Eurer Berufung. Ihr weigert Euch, Gottes Verwalter zu sein und seine Gaben anzunehmen, um sie für Ihn gebrauchen zu können, wenn Er es verlangen sollte. Nicht freilich für Zwecke der Fleischeslust und Sünde, wohl aber für Gott dürft Ihr arbeiten, um reich zu sein.« Jede Stunde des Tages, die nicht mit harter Arbeit zur Mehrung des Ruhmes Gottes verbracht wurde, galt als Verschwendung. Nur Handeln, nicht Muße und Genuss, so meinten Männer wie Baxter, diene dem Ruhme Gottes.

Zeitverschwendung wurde zu einer der schwersten Sünden im Leben eines frommen Christen. Zeitverlust durch Geselligkeit, »faules Gerede«, Luxus, selbst durch mehr als für die Gesundheit nötigen Schlaf – sechs bis höchstens acht Stunden – galt als sittlich verwerflich. Harte Arbeit war aber noch mehr als eine Pflicht. Sie galt als ein alterprobtes »asketisches Mittel«, als wertvoller Schutz gegen ein *unclean life*. Neben nüchterner Diät, Pflanzenkost und kalten Bädern gegen sexuelle Anfechtungen und religiöse Zweifel empfahlen Männer wie Baxter vor allem eines: »Arbeite hart in deinem Beruf«.

Damit schloss sich der Kreis wieder. Das Ideal der entbehrungsreichen, harten Arbeit nahm den Platz einer jahrhundertealten geistigen und praktischen Tradition ein: das der klösterlichen Askese. Wir können uns vorstellen, welches Klima solches Denken in den puritanischen Ländern brachte. »Der Mensch war«, so Max Weber, »zu einer ›Erwerbsmaschine‹ verkommen, in der sich der Pflichtgedanke mit seiner erkältenden Schwere auf das Leben legte.«

Aber noch eine andere Tradition, die wir bis heute in Ländern puritanisch-calvinistischer Prägung sehen können, wurde im Zusammenhang mit diesen Ideen entwickelt: der Charity-Gedanke gepaart mit einem nur hauchdünnen sozialen Netz. Im Vergleich zu vielen europäischen Staaten verfügen die USA nur über ein schwach ausgeprägtes Sozialsystem. Dafür gibt es weitaus mehr Engagement von wohlhabenden Menschen für Wohltätigkeitsveranstaltungen. Wer etwas auf sich hält, spendet auch einmal größere Summen für einen guten Zweck. Vereine wie der Lions-Club wurden in den USA gegründet und sollten wohlhabende, beruflich erfolgreiche Menschen zusammenbringen, um sich wohltätigen Aktivitäten zu widmen. Diese Gepflogenheiten haben alte puritanische Traditionen. Der paulinische Satz »Wer nicht arbeitet, soll nicht essen« wurde schon im 16. Jahrhundert in den reformierten Gemeinden ganz wörtlich genommen. Bettelei war verboten, Armut verpönt. Gleichzeitig bedeutete das, dass auch Menschen, die grundsätzlich aus ihrem Vermögen leben können, arbeiten mussten. Hart arbeiten oder krank sein. Dazwischen kannten die Puritaner nichs. Denn nur wer aus gesundheitlichen Gründen nicht dazu in der Lage war, sich selbst zu ernähren, durfte mit der Unterstützung der Gemeinde rechnen.[22] Betrachtet man diese Tradition, wird verständlicher, was viele im »alten Europa« an der »neuen Welt« befremdet. Der immense Unterschied zwischen Arm und Reich, das bescheidene Sozialsystem und die große Leistungsorientierung. All das hat in den USA eine lange Tradition.

Das sind also die historischen Gründe dafür, dass viele Menschen denken, echte Arbeit dürfe keinen Spaß machen. Auch wenn die meisten Menschen heute nicht mehr von einer religiösen Pflicht zur Arbeit ausgehen, ist der Gedanke, Arbeit sei eine moralische Pflicht und müsse noch dazu einem harten, asketischen Ideal entsprechen, weit verbreitet. Ich selbst habe mehrere Jahre hinter mir, in denen ich in Frankfurter Banktürmen als Unternehmensberaterin genau dieser modernen Form der Wirtschaftsaskese gehuldigt habe. Wer nicht hart genug war, vierzehn Stunden und mehr am Tag zu arbeiten, galt als »Warmduscher«. Durchgearbeitete Nächte mit der berühmten »Lieferpizza« wurden zu Heldentaten stilisiert, die die Guten von den Schlechten trennten. Härte gegen sich selbst und ungebremster Arbeitswille galten als karrierefördernde Tugenden.

Solange man so denkt, wird man es schwer haben, seine Berufung zu finden. Denn seine Berufung zu finden erfordert einen ganz neuen Blick auf das eigene Leben und das Verständnis von Arbeit. Nicht, dass Menschen, die ihre Berufung leben, nicht auch hart arbeiten könnten – der Unterschied ist aber, dass sie diese Tätigkeiten auf einem sehr hohen mentalen und emotionalen Niveau genießen. Genuss und Arbeit, Freizeit und Lebensaufgabe sind nicht mehr getrennt. Es gibt kein Diktat der Härte mehr, es gibt nur freiwilliges Engagement, das von der gesamten Persönlichkeit bejaht und gutgeheißen wird. Und das zum ganz persönlichen Nutzen, nicht unbedingt für andere und meist auch nicht für Gott.

Manchmal kommt diese Einsicht spät, aber nie zu spät. Bevor Franz Kafka Schriftsteller wurde, studierte er Jura und fing in einer Versicherung als Sachbearbeiter an. Wassily Kandinsky, einer der wichtigsten Maler des 20. Jahrhunderts, hatte Nationalökonomie studiert und als Dozent gearbeitet, bevor er im Alter von 30 Jahren alles an den Nagel hing und sich mit Palette und Block »bewaffnet« auf den Weg zu den Anfängerkursen machte. Hermann Hesse, der spätere Nobelpreisträger für Literatur, absolvierte eine Lehre als Buchdrucker und Buchhändler, bis er selbst begann, Geschichten zu schreiben, die weltberühmt wurden. Große Lebenswege sind selten gerade. Bei den meisten gibt es einen Punkt, an dem sie die scheinbar vorgezeichnete Bahn verlassen. Wenn wir von außen den Bruch sehen können, ist der Moment, in dem etwas Wichtiges geschehen ist, meist schon lange vorbei.

Die Suche ist mit einem gewissen Risiko verbunden. Denn wir wissen nicht genau, was und zu welchem Zeitpunkt wir etwas finden werden. Erinnern wir uns an unsere Kindheit, dann wird es leichter: Der »Kick« beim Versteckspielen liegt darin, das Risiko auszuhalten, entdeckt zu werden. Also ist auch das Risiko ein Element, das zum Genuss und damit zur Suche gehört.

Und tatsächlich: Suche ist etwas, das mit süßer Ungewissheit geschlagen ist, wie das Warten auf den Anruf des Geliebten. Ungewissheit, die von freudiger Erregung in eine endlose Qual umschlagen kann. Und umgekehrt. Wir verpacken Geschenke, um sie auspacken zu lassen. Die Überraschung, die Neugierde ist die halbe Freude. Was sich lange vor uns verborgen hat, erscheint uns umso begehrenswerter. Das Suchen und Finden der Berufung hat etwas von dem Reiz guter Dessous: Es ist ein Ritual des Enthüllens, steigendes Begehren verknüpft mit Gefühlen zwischen Hoffen und Bangen: Ist es das, was ich mir denke? Oder etwa etwas anderes, noch Besseres? Wird mein Wunsch jetzt in Erfüllung gehen? Die eigenartige Erregung kurz vor dem Erkennen des zu Findenden ist wie die Aufregung des Verliebten, der sich vor dem ersten richtigen Rendezvouz mit der lange Gesuchten fragt: Wird sie heute Abend tatsächlich kommen? Werden meine kühnsten Träume in Erfüllung gehen? Wird es so sein, wie ich es mir immer vorgestellt habe?

Je älter wir werden, desto wichtiger wird Sicherheit. Der spielerische Ursprung der Suche verschwindet im Nebel der Vergangenheit. Wir gewinnen an Sicherheit, verlieren aber gleichzeitig an Risikobereitschaft und damit an Möglichkeiten des Genusses. Wenn alle Risiken ausgeschaltet sind, ist unser Leben wie ein Fußballspiel, das wir nur gewinnen können. Recht bald verlieren wir die Lust daran. Aber es ist möglich, das Rad zurückzudrehen. Über den Schmerz zur Krise, über die Krise zum Aufbruch, über den Aufbruch zur Suche, über die Suche zum Risiko, über das Risiko zum Genuss und schließlich zum gelungenen Leben. Es ist gut, wenn wir die Suche angehen wie ein Spiel: mit Neugierde und der Vorfreude auf das Unbekannte, das wir finden werden.

Die Suche nach dem Unbekannten

Wer noch nicht weiß, was seine Berufung ist, macht sich auf die Suche nach dem Unbekannten, einem der ältesten Motive der Menschheit. Da gibt es zum Beispiel die Suche nach dem »Heiligen Gral«, der im Mittelalter als das Sinnbild galt für die »erhabensten Träume und Ziele, die sich der menschliche Geist durch Jahrhunderte, vielleicht gar Jahrtausende ausdenken konnte«. Den Gral stellte man sich als eine wertvolle Schale oder einen prächtigen Kelch vor. Die wahren Schätze, so meinte man, kämen aber durch seine Wirkung: Dem, der ihn finde, schenke er alles, was sich Menschen gleich welcher Entwicklungsstufe vorstellen könnten: »Gesundheit und Jugendkraft; wachsende Begabung zu Kunst und tiefem Wissen; Einblick in unvorstellbare Rätsel; Befreiung von seelischen Lasten; den Schlüssel zum Weg der Unsterblichkeit, zum Paradies, der zum Tor des Reiches der Gottheit führt.«[23]

Ähnlich ist es mit der Suche nach dem Paradies. Irgendwo, so glaubte man viele Jahrhunderte, musste es doch einen Ort geben, an dem man vollkommen glücklich sein konnte. Im 14. Jahrhundert kursierte der in zahlreichen europäischen Sprachen erschienene Bestseller eines Jean de Mandeville mit dem Titel »Reisen«.

Das Buch handelte von einem Ritter auf der Suche nach dem Paradies, dem Land, in dem wir uns der Ewigkeit und dem Schöpfer nähern. Zuerst dachte der Ritter, das heilige Land sei an der östlichen Mittelmeerküste, das Geburtsland Jesu. Als er das »Heilige Land« tatsächlich erlebte, erkannte er, dass es nicht das war, was er suchte. Im Orient sagte man ihm, er müsse weiter in den Osten ziehen, nach Asien, um das Paradies zu finden. Auch dort, in den Weltreichen der Tartaren und Chinesen, fand er nicht, was er begehrte. Nach Jahren der Wanderung hörte er wieder seinen Heimatdialekt und merkte, dass er zu Hause angekommen war. Er hatte den ganzen Erdball umkreist und hatte das Paradies dennoch nicht gefunden. Die Sehnsucht, »weiser zu sein, die Geheimnisse des Lebens tiefer zu ergründen und damit im Lebensspiel unserer Umwelt gegenüber liebevoller zu werden«, hatte ihn um die ganze Welt getrieben und er erkannte – wie Märchen in der ganzen Welt zu erzählen wissen –, dass das Paradies nicht in den Fernen oder auf den Sternen liegt, sondern seine Tore überall hat. »Man muss nur die inneren Sinne entwickeln, um sie zu erkennen.«[24] Die inneren Kanäle zu schärfen und sich für neue Wahrnehmungen zu öffnen, das war eine wichtige Botschaft dieses frühen Reiseromans.

Große Entdecker waren immer auch große Sucher. Auf ihre Reisen bereiteten sie sich oft mehrere Jahre lang vor. Die Vorbereitung war sozusagen die »halbe Miete«. Denn es wäre bei den immensen Kosten, die eine Expedition erforderte, unverzeihlich gewesen, abzubrechen, weil man schlecht vorbereitet war. Alexander von Humboldt brauchte zum Beispiel sechs Jahre, bis er aufbrechen konnte. Gute Vorbereitung gehört also auch zur Suche nach unserer Berufung.

Stets im Reisegepäck waren Kompass und Karten. Der Kompass hilft dabei, die eigene Position zu bestimmen. Karten zeigen den Weg und darüber hinaus, was Leute, die schon vorher auf der Route unterwegs waren, gefunden hatten. So waren die Entdecker frühzeitig auf Gefahren vorbereitet und konnten den richtigen Kurs einschlagen. Je besser die Karten waren, desto wahrscheinlicher war es, sein Ziel sicher zu erreichen. Es wurden ganze Vermögen bezahlt und sogar Verbrechen begangen, um in den Besitz guter Karten zu gelangen. Wie Miles Harvey in seinem Buch *Gestohlene Welten* zeigt, bauten Weltreiche ihre Macht auf den Besitz von Karten auf.[25]

Der römische Kaiser Augustus verbot Privatleuten bei Todesstrafe den Besitz von Karten. Sein Material ließ er in den sichersten Kellern des Palastes streng bewachen. Die Portugiesen gründeten ihr Weltreich auf den Besitz hervorragender See- und Landkarten. Selbst für die findigsten Geheimagenten fremder Mächte war es unmöglich an diese Karten heranzukommen. Deshalb begannen die Holländer damit, selbst zu forschen und hervorragende Karten zu produzieren. Experten gehen davon aus, dass dies ein Grund war, weshalb es ihnen gelang, zu einer großen Kolonialmacht aufzusteigen.

Karten zu besitzen, den Weg zu finden und immer wieder zu finden, waren aber nicht nur Instrumente der Macht. Sie haben die Phantasien ganzer Jahrhunderte geprägt und selbst in sich aufgenommen. Alte Karten aus dem Mittelalter oder der frühen Neuzeit zeigen das Weltbild, das die Menschen hatten. Da gibt es an den Rändern der Karten die vier Windgötter und ihre Geschwister, die Harpyien, die Unglück und Sturm bringen können. Es tummeln sich Fabelwesen und Meeresungeheuer in den Ecken der Welt, die noch nicht erforscht sind. Es gibt Karten, auf denen ist der Garten Eden eingezeichnet. Eva bietet dort Adam gerade den verhängnisvollen Apfel an. Das Paradies auf Erden, daran glaubten unsere Vorfahren. Und vielleicht träumen wir Berufungssucher auch ein wenig davon. Selbst Christoph Kolumbus erzählte, ohne mit der Wimper zu zucken, er habe auf seinen Reisen Meerjungfrauen zu Gesicht bekommen. Sie hätten tatsächlich den Unterleib eines Fisches und den Rumpf einer Frau. Nur ihre Gesichter seien nicht so lieblich, wie man sich das vorstelle. Sie trügen eher männliche Züge. Die Phantasie kam also nicht zu kurz, so groß der Forschergeist und der Glaube an neue Möglichkeiten auch gewesen sein mag.

Und da verraten uns die alten Entdecker ein Geheimnis. Während wir heute äußerst präzise Aufnahmen und Vermessungen eines jeden Winkels der Erde haben, mussten sich die Entdecker mit ihrer Phantasie behelfen, um die weißen Flecken auf der Karte zu füllen. Sie haben die ganze Fabel- und Sagenwelt ihrer Zeit, ihre Wünsche, Hoffnungen und Befürchtungen in diese weißen Flecken gelegt und vielleicht deshalb so große Lust gehabt, diese Gegenden in Wirklichkeit zu sehen. Wer also etwas wirklich Neues, Unbekanntes entdecken will, muss zuerst seine Phantasie auf die Reise schicken. Deshalb wird man seine Berufung nie durch Fragebögen oder Psychotests herausbekommen. Präzision ist ein Ergebnis von Erfahrung. Das wirklich Neue basiert aber nicht auf Erfahrungen. Die Karten der Entdecker waren immer eine gute Mischung aus Erfahrungswissen, also den wirklichen geographischen Kenntnissen, und der Phantasie, mit denen sie die leeren Orte ausfüllen mussten.

Nehmen wir an, dass jeder Mensch seine eigene innere Welt in Form einer Landkarte hat, dann wäre es doch sehr sinnvoll, diese innere Welt neu zu kartographieren. Denn die alte Karte von der Welt hat uns nicht dahin gebracht, wo wir hinwollen. Eine neue könnte also sehr nützlich sein. So nützlich, wie sie früher den großen Entdeckern war und wie sie wohl jeder Familie auf dem Weg in den Urlaub ist. So manches Seeungeheuer würde vielleicht links oder rechts am Horizont auftauchen, aber auch der eine oder andere Paradiesgarten könnte dabei sein. Wir wüssten, welche inneren Länder wir bereits besucht haben, wo tiefe Schluchten und hohe Gipfel waren, wo es besonders schön war und welche Gegenden wir besser umschiffen sollten. Aber wir würden auch sehen, wo die »weißen Flecken« sind, die unerforschten Gebiete, die wir mit unserer Phantasie erahnen und mit Erfahrungen beleben können.

Drei Dimensionen werden wir ausloten. Drei große Fragen werden wir uns beantworten, um zur Karte unserer inneren Welt zu kommen: Wo komme ich her? Wo stehe ich jetzt? Wo will ich hin?

Ein spannendes Projekt. Versuchen wir es!

Wo komme ich her? Kindheitsmuster

Die Erdoberfläche ist schon ziemlich gut erforscht, aber die Meere geben in ihrer weiten Ausdehnung noch so manche Rätsel auf. In den Tiefen des Ozeans gibt es immer noch Stellen, zu denen noch kein Mensch vorgedrungen ist. Das Wasser oder das Meer sind häufig gebrauchte Metaphern für das Unbewusste, Kreative und Traumhafte in der menschlichen Seele. In der Astrologie sind es die Wasserzeichen Fische, Krebs und Skorpion, die für den schöpferischen Anteil im

Menschen stehen. Psychologen sagen, dass sich die Vergangenheit in unserem Kopf zum Großteil ins Unterbewusste »verzogen« hat. Von dort aus beeinflusst es uns jedoch weiter. Wer sich psychisch belastet fühlt, versucht in Therapien, dieser ins Unbewusste verdrängten Vergangenheit auf die Spur zu kommen. Wir müssen natürlich nicht krank sein, um die Suche in unserer Vergangenheit aufzunehmen. Wer in seiner inneren Welt zu Hause sein möchte, sollte auch wissen, was ihn geformt hat. Wer seine Berufung finden möchte, sollte wissen, was sein Herz schon früh hat höher schlagen lassen und wo die eigenen Talente schlummern. Je mehr Menschen ich gesprochen habe und je mehr Biographien mir vertraut wurden, desto größeres Gewicht bekam die Vergangenheit bei der Suche nach der Berufung. Die allermeisten nahmen Zeichen ihrer Berufung schon früh wahr.

Als ich an einem heißen Augusttag den Arzt Jochen K. traf, war ich gerade mit dem Thema beschäftigt, welche Rolle die Kindheit bei der Suche nach der Berufung hat. Jochens Lebensgeschichte erscheint mir wie aus einem Bilderbuch. »Ich wusste seit meiner Kindheit, dass ich Arzt werden wollte«, sagte der 33-Jährige. »Ich hatte mir ausgerechnet kurz vor den großen Sommerferien beim Spielen den Arm gebrochen und der musste komplett eingegipst werden. Eigentlich hätte ich in den folgenden Wochen nicht richtig spielen dürfen. Aber ich war wie alle Kinder viel zu umtriebig, um mich zu schonen. Der Arm war erst eine Woche eingegipst, da fiel ich beim Spielen ins Wasser und der Gips löste sich vom Arm. Meine Mutter war ganz panisch und brachte mich gleich zu einem Arzt in der Nachbarschaft. Das war die Begegnung meines Lebens«, erzählte Jochen und grinste mich dabei an. »Dieser Arzt war älter als mein Vater und er sah mit seinen weißen Schläfen so würdevoll aus, dass ich ganz ergriffen war. Er sagte zu mir – und diese Worte werde ich nie vergessen – : ›Das ist alles nicht so schlimm. Du bist doch schon ein großer Junge. Der Arm ist sicher schon wieder verheilt.‹ Er sagte das so selbstsicher und vertrauenerweckend, dass ich von diesem Tag an sein wollte wie er. Und natürlich wollte ich wie er Arzt werden. Und das bin ich geworden.« Jochen ist Unfallchirurg und fragt sich manchmal selbst, woher er die Kraft zu all den Nachtschichten und Notoperationen hat. »Es ist meine Berufung. Ich weiß es, seit jenem Nachmittag bei dem Arzt in der Nachbarschaft.« Kurze Zeit hatte er nach dem Wehrdienst mit dem Gedanken gespielt, wie sein Vater zur Bundeswehr zu gehen und Pilot zu werden. Doch noch bevor der Vertrag fertig war, lag der Zulassungsbescheid für das Medizinstudium im Briefkasten. »Ich habe dann keine Minute gezögert. Ich wusste, dass die Medizin meine Welt ist.«

Die Geschichte von Jochen ist stringent und stimmig. Ebenso typisch für das frühe Sichzeigen einer Berufung sind die vielen Berichte von Schriftstellern über die Lieblingsspiele, die sie als Kinder hatten. Autoren wie der große Goethe, aber auch Hans Fallada, Jean-Paul Sartre oder Virginia Woolf schrieben bereits als Kinder kleine Theaterstücke, die sie mit ihren Geschwistern oder allein zu Hause aufführten. Sie gaben ihrer kindlichen Phantasie damit schon früh eine Ausdrucksform, die sie später wieder für sich entdeckten und beruflich nutzten. Doch nicht alle wissen so früh so genau, worum es bei ihrer Berufung geht. In den meisten Fällen ist mit dem frühen Wissen um die eigene Lebensaufgabe kein direkt nennbares Berufsbild verbunden. Aber im Nachhinein wirken die einzelnen Bausteine aus der Kindheit wie ein Mosaik, das erst in der Gesamtsicht seine volle Schönheit und Bedeutung zeigt.

Manchmal sind es nicht die schönen Erlebnisse, die sich zu einer Berufung verdichten, sondern die kritischen oder sogar unglücklichen Momente der Kindheit. Oft ist es ein als Mangel empfundenes Wissen darum, anders als die anderen zu sein, sich zu unterscheiden. Dann gehen Kinder auf die Suche, um diesen Bruch im eigenen Erleben des Unterschiedes zu den anderen zu beheben. Wenn es ihnen nicht gelingt, sich anzupassen, entwickeln sie eigene Phantasien und damit verbundene Fähigkeiten, die sie erst als Erwachsene mit voller Kraft umsetzen können.

Bereits als Kind fühlte sich der später berühmte »Urwalddoktor« und Friedensnobelpreisträger Albert Schweitzer anders als die anderen, weil er Mitleid mit jeder Kreatur fühlte, während sich seine Spielkameraden daran erfreuten, Tiere zu quälen.[26] Als er eines Tages, um nicht als Außenseiter zu gelten, mitging, Vogelnester von den Bäumen zu schießen, retteten ihn die Kirchenglocken seines Heimatortes. Sie fingen genau in dem Moment an zu läuten, als er auf einen Elternvogel schießen sollte. Der Vogel wurde von dem Lärm aufgeschreckt und flog davon. Schweitzer nahm dies als »Zeichen Gottes« und beschloss, seine natürlichen Gefühle des Mitleids ernst zu nehmen und nie mehr aus opportunistischen Gründen zu verraten. Das war das erste wichtige Kindheitserlebnis, das Schweitzer zu seiner Berufung führte. Dann kam ein zweiter Eindruck hinzu. Immer wenn Schweitzer im elsässischen Colmar an der Statur eines Afrikaners vorbeikam, musste er an die Verbrechen denken, die die Weißen am Schwarzen Kontinent begingen. Schweitzer fühlte sich persönlich angesprochen und spürte den tiefen Wunsch, einen Teil dieses Leids durch sein Leben zu sühnen. Aber Schweitzers Familie hatte andere Pläne mit ihrem Sohn. Sie wünschte sich, er möge sich wie sein Vater der

Theologie widmen. Er studierte wunschgemäß Philosophie und Theologie. Aber eines Morgens, er war einundzwanzig Jahre alt, wachte er auf und beschloss, dass er bis zu seinem dreißigsten Lebensjahr studieren und »Karriere« machen würde, um dann alles hinter sich zu lassen und den Menschen in Afrika zu helfen. Und tatsächlich: Im Alter von dreißig Jahren, mitten in seiner Karriere als Philosophiedozent und berühmter Orgelmusiker, nahm er ein Medizinstudium auf, um mit achtunddreißig Jahren in den afrikanischen Dschungel zu gehen und bis zum Ende seines Lebens den Einheimischen zu helfen.

Für andere sind Elemente der heutigen Berufung auf »Überlebensstrategien« zurückzuführen, in denen sie kritische Situationen bereits als Kind durch besondere Fähigkeiten auszugleichen lernten.

Judith K. ist heute eine erfolgreiche Frau. Als sie mir die Tür aufmacht, lacht sie mich an und erzählt sofort von den »superspannenden Projekten«, an denen sie gerade arbeitet. In ihrer Wohnung stehen ausgesucht schöne Stücke, der Schreibtisch und die Bücher bilden das Zentrum ihrer geschmackvollen Wohnung. Dort sitzt sie, wenn sie nicht in ihrem Büro in der Universität arbeitet, und liest und schreibt und forscht zu kulturwissenschaftlichen Themen. Trotz mehrjähriger Berufserfahrung in angesehenen Unternehmensberatungen arbeitet die erst Dreißigjährige an ihrer Habilitation. Für die wissenschaftliche Arbeit sind neben einer gehörigen Portion Intelligenz vor allem drei Tugenden wichtig: Geduld, Beharrlichkeit und die Fähigkeit, allein mit sich zu arbeiten, ohne ein unmittelbares Feedback von außen zu bekommen. Und das kann Judith. Sie hat als Kind aus einem objektiven Mangel eine höchst persönliche Fähigkeit gemacht. Als ich sie frage, wann sie zum ersten Mal das Gefühl hatte, mit sich allein gut auszukommen, überlegt sie und erzählt dann: »Als ich klein war, studierte meine Mutter noch. Da auch mein Vater ebenfalls an der Uni war, gaben mich meine Eltern tagsüber zu einer verlässlichen Familie in der Nachbarschaft.« »Und«, frage ich, »sind die Leute nicht gut mit dir umgegangen?« Sie antwortet in der für sie typischen Ruhe und Konzentration: »Nein, sie haben sich nichts zu Schulden kommen lassen. Das einzig Schlimme war: Ich war ganz allein. Tag für Tag saß ich allein im Garten und musste mich mit mir selbst beschäftigen. Ich hatte ohnehin immer das Gefühl, anders zu sein als die anderen, aber diese Einsamkeit war schier unerträglich. Eines Tages habe ich mir eine Spielkameradin erfunden: Sabine. Mit ihr habe ich dann jeden Tag gespielt und mich von diesem Tag an nicht mehr einsam gefühlt.« Sie macht eine Pause. »Seitdem kann ich wunderbar allein sein und es stört mich nicht, mehrere Tage am Stück hier zu Hause zu arbeiten. Ich habe gelernt, wie stark die Macht der Phantasie ist. Und die brauche ich auch für meine kreativen Ideen in der Forschung.« Judith ist ein gutes Beispiel dafür, wie Kinder in der Lage sind, Mangel intuitiv auszugleichen und daraus über die Jahre eine große Stärke zu entwickeln.

Katrin war eine der Jahrgangsbesten in dem Unternehmen, in dem ich einmal arbeitete. Wir Kollegen waren uns sicher, dass sie eine tolle Karriere hinlegen würde, aber ausgerechnet sie verließ die Firma nach wenigen Monaten. Nicht etwa, um zur Konkurrenz zu gehen, sondern um sich einen Traum zu verwirklichen.

Ich traf Katrin an einem schönen Wintertag in einem Café am Berliner Winterfeldplatz. Es war eiskalt und Katrin hatte einen langen Ledermantel mit einem plüschigen weißen Pelzkragen an. Sie trug ihre üppigen blonden Haare offen und sah aus wie eine echte Diva. »Du hast es also getan«, sagte ich zu ihr. »Es musste sein. Die Zeit war einfach reif«, antwortete sie. Für Katrin war Musik, seitdem sie klein war, eine Art »Überlebensstrategie«. Sie wuchs bei ihrem Vater auf, nachdem die Mutter ihn verlassen hatte und nicht mit der Erziehung des Kindes zurechtgekommen war. Katrin wollte keine Probleme machen. Zu Hause passte sie sich an und ersetzte bald die Mutter im Haushalt. Sie wuchs zu schnell und war bald die »Bohnenstange« mit der Brille. Die Jungs sagten »Brillenschlange« zu ihr und wollten nichts von ihr wissen.

Etwas Wärme fand Katrin nur bei den Großeltern. Und die waren beide Musiker. Der Großvater Kantor, die Großmutter Musiklehrerin und Chorleiterin. In der Kirche durfte sie neben der Oma singen. Wunderschöne Erlebnisse, die sie nicht vergessen sollte. In ihrer Jugend begann sie, Gesangsstunden zu nehmen. Natürlich nur als Hobby. Mit siebzehn oder achtzehn hörte sie zum ersten Mal die Callas und wusste: »Das will ich können, irgendwann.« Auch Katrin hatte zunächst viele Umwege gemacht, hatte Wirtschaft studiert, in der Finanzberatung und in der Musikbranche gearbeitet. Bis ihr der Gesangslehrer sagte, sie könne mehr als nur für sich und das Wohnzimmer zu singen. Den endgültigen Anstoß gab ein Freund und Kollege aus unserer Firma, der eines Abends, nachdem er sie singen gehört hatte, sagte: »Sei doch nicht blöd, mach das doch richtig!« Und dann machte sie es richtig. Sie kündigte, suchte sich einen Nebenjob bei einer Plattenfirma, nahm die erste Demo-CD auf. Eine CD, die ich mir oft auflege, wenn ich schreibe. Ein wahrer Genuss.

Nicht immer sind es die augenfälligen, großen Leidenschaften, die die frühen Jahre geprägt haben. Es können auch scheinbar nebensächliche kleine Freuden sein, die uns bereits als Kind Momente großer Befriedigung gebracht haben. Anne-Christin ist eine attraktive Frau Mitte dreißig. Sie wuchs als einziges Mädchen mit drei Brüdern in einer konservativen Familie auf. Es gab in der Familie nie einen Zweifel daran, dass Annes Lebensaufgabe darin bestehen solle, später einmal zu heiraten und Kinder zu bekommen. Im Gegensatz zu ihren Brüdern durfte sie deshalb nicht studieren. Anne wurde Touristikfachwirtin und heiratete mit vierundzwanzig Jahren einen älteren Unternehmer. Die Ehe verlief zunächst glücklich. Doch nach und nach schlich sich bei Anne, deren Mann keine Kinder wollte, das Gefühl ein, das eigene Leben zu vergeuden. Die Jahre gingen dahin und Anne machte sich, wie ihre Mutter in jüngeren Jahren, mit einem Einrichtungshaus selbstständig. Auch diese Aufgabe brachte nicht die gewünschte Erfüllung.

Von einem Tag auf den anderen verkaufte Anne das Geschäft und ging für einige Monate nach Paris, um Französisch zu lernen und Zeit zu gewinnen, über ihr Leben nachzudenken. Fern von ihrem norddeutschen Ehealltag marschierte sie jeden Tag durch die Straßen von Paris und dachte angestrengt darüber nach, was ihr denn wirklich Spaß machen würde. Alles, was ihr zunächst aus ihrer Kindheit einfiel – mit Puppen spielen, draußen herumtoben etc. –, gab nicht genügend Hinweise. Bis ihr eine scheinbar nebensächliche Erinnerung kam: Immer wenn ihre Eltern Besuch hatten, wollte Anne nicht ins Bett gehen und lieber den Abend bei den Erwachsenen verbringen. Und tatsächlich gelang es ihr als zehn- oder elfjähriges Kind, mit einer schlauen Strategie die Abende bei den »Großen« zu verbringen. Sie verhielt sich so unauffällig wie möglich, setzte sich schweigend in eine Ecke, in der sie im Verlauf des Abends immer weniger wahrgenommen wurde. So durfte sie dableiben und hatte die Gelegenheit, die Gäste zu beobachten. Schnell machte sie sich einen Spaß daraus, Details wahrzunehmen und mit unbestechlichem Kinderblick zu interpretieren: War dieses Paar da wirklich glücklich? Mochten die Eltern diese Gäste oder taten sie nur so? Am nächsten Tag berichtete sie ihren Eltern über ihre Beobachtungen – und diese waren regelmäßig erstaunt und erfreut über die »Menschenkenntnis« ihrer Tochter. Diese Momente, das wusste Anne genau, gehörten zu den besten ihrer Kindheit. Sie forschte weiter und erinnerte sich daran, dass sie früh unter ihren Freundinnen als gute Zuhörerin galt und dass es ihr gelang, anderen Kindern in Gesprächen über Probleme hinwegzuhelfen. Sie spürte den Erinnerungen nach und entdeckte, dass sie in diesen Momenten für andere tatsächlich »den Unterschied« machte und dass ihr das ein Gefühl von tiefem Glück und innerer Selbstbejahung gab. In den folgenden Monaten recherchierte sie, welche Berufe diese Fähigkeiten des Zuhörens und gezielten Helfens in Gesprächen erfordern würden. Daraufhin begann sie mit einem Psychologie-Studium und wurde mit verschiedenen Ausbildungen Coach für persönliche Entwicklung.

Besonders spannend wird es, wenn man den Eindruck hat, seine Berufung schon einmal gelebt und dann »weggeworfen« zu haben. Es gibt viele solcher Geschichten. Eine besonders tragische ist die von Arthur Rimbaud.[27] Der geniale Dichter – er lebte in der Mitte des 19. Jahrhunderts in Frankreich – schuf Werke, die zu den schönsten der Weltliteratur zählen. Seine Kindheit und Jugend erlebte er als muffig, herzlos und auch als skurril. Zeitgenossen von Rimbaud haben das eindrücklich geschildert. Sonntags, auf dem Weg in die Kirche, ließ seine Mutter ihre drei Kinder herausgeputzt hinter sich her laufen wie in einer kleinen Prozession. Alle machten sich lustig über die Familie und der junge Arthur litt sehr darunter. Aber solange er ein Kind war, versuchte er, es der Mutter recht zu machen. Er büffelte für die Schule und gewann Preise in Wettbewerben, an denen die besten Schüler Frankreichs teilnahmen. Er war bereits eine richtige kleine Berühmtheit in seinem Ort und alle dachten, er würde einmal eine große Karriere in Paris machen. Da brach der 1870er Krieg gegen Deutschland aus und Rimbaud musste für längere Zeit die Schule unterbrechen. Er kam nie wieder in den Tritt, büxte von zu Hause aus, wurde von der Polizei völlig verwahrlost wieder nach Hause gebracht, nur um wieder auszureißen. Statt herausgeputzt als Musterschüler durch die Straßen zu stolzieren, saß er mit den Säufern in der Kneipe und beschimpfte andere Gäste. Das Erstaunliche: Genau zu dieser Zeit, im Alter zwischen sechzehn und neunzehn Jahren, schrieb er seine berühmten Gedichte. Danach keine Zeile mehr. In diesen wenigen schöpferischen Jahren glaubte er fest daran, der berufene Dichter und »Seher« Frankreichs zu sein.

Im Laufe der Zeit interessierte er sich immer mehr für Magie und hatte den Wunsch, den »Stein der Weisen« zu finden. Da er meinte, diesen Stein auf anderen Wegen finden zu müssen, und sich außerdem für seine hochfliegenden Träume über die eigene Bedeutung schämte, verwarf er seine Berufung. Zwischen den ersten Gedichten und dem »Wegwerfen« lag eine Zeit, in der er sich viele selbstzerstörerische Vorstellungen über das Leben an sich und seines im Besonderen geschaffen hatte. Mehr und mehr war er zum Beispiel davon überzeugt, dass ein Dichter nur im tiefsten Leid seine höchste Begabung ausleben könne. Er begann zu trinken und Drogen zu nehmen, um seinen Vorstellungen von einem echten Dichterleben möglichst gerecht zu werden. Wer so etwas glaubt, wird wohl früher oder später lieber auf seine Begabung verzichten, als sich weiter zu zerstören. Oder er endet tragisch. Irgendetwas schien Rimbaud jedenfalls daran gehindert zu haben, an ein gelungenes, glückliches Leben mit der eigenen Berufung zu glauben. Und er sollte Recht behalten. Er starb nach einem abenteuerlichen, aber unglücklichen Leben, am ganzen Körper gelähmt, im Alter von siebenunddreißig Jahren.

Die französische Schriftstellerin Colette berichtete, dass sie ihre eigentliche Berufung – das Schreiben – als Kind ganz besonders abgelehnt habe. Sie war sich als Kind ganz sicher, das einzige Wesen seiner Art zu sein, »das zur Welt kam, um nicht zu schreiben«: »... in meiner Jugend habe ich nie, nie den Wunsch gehabt zu schreiben. Nein, ich bin nie heimlich in der Nacht aufgestanden, um mit dem Bleistift Verse auf den Deckel einer Schuhschachtel zu schreiben! Ich habe nie an den Westwind und an den Mond begeisterte Worte gerichtet! Und ich habe zwischen meinem zwölften und fünfzehnten Jahr nie gute Aufsatznoten gehabt! Denn ich spürte, jeden Tag mehr, dass ich dazu geschaffen war, eben gerade nicht zu schreiben ...«[28] So viel steht aber selbst mit diesen Worten fest: Das Schreiben war Colette bereits als Kind alles andere als egal. Die wilde Abgrenzung scheint eine ebenso große Kraft zu entwickeln wie eine frühe Identifikation mit einer Tätigkeit.

Fassen wir zusammen: Wenn wir gedanklich in unsere Kindheit zurückgehen, können wir sehen, welche Dinge und welche Fähigkeiten uns von klein auf fasziniert haben. Es zählen nicht nur die Dinge, für die wir Lob bekommen haben, sondern auch diejenigen, die wir unterdrücken sollten. Und sogar diejenigen sind interessant, die wir vielleicht selbst unterdrücken wollten. Die Staubschicht über den Träumen der eigenen Kindheit entsteht oft dadurch, dass Eltern, Freunde und Geschwister bestimmte Eigenschaften, die ihren Vorstellungen entsprachen, über Gebühr gewürdigt und andere eher »unterschlagen« haben. Es kann ungeheuer amüsant sein, seine Eltern oder Geschwister ganz bewusst nach besonders »schlechten« Eigenschaften zu fragen, die sie an einem selbst als Kind bemerkt haben. Viele psychologische Persönlichkeitsmodelle gehen davon aus, dass Schwächen in Wahrheit übertriebene Stärken sind. Es lohnt sich, darüber nachzudenken.

Mit der Suche in der Vergangenheit haben wir einen wesentlichen Schritt getan. Vielleicht haben wir sogar voller Überraschung festgestellt, dass wir schon einmal wussten, was unsere Berufung sein könnte. Wie unbedeutend sie auch erscheinen mag – wahrscheinlich gibt es bereits die eine oder andere Erinnerung, den einen oder anderen »Verdacht«. Falls nicht, kann es sein, dass die Erinnerungen auftauchen, wenn die Gegenwart und Zukunft vermessen sind. Die gesamte mentale »Landkarte« aber wird erst dann vollständig sein, wenn es ein Band zwischen allen Zeitdimensionen gibt. So wie unser Planet den großen Entdeckern seine Geheimnisse erst preisgab, als sie ihn als Ganzes nahmen, als sie Wasser, Erde und Himmel zusammendachten.

Wo stehe ich jetzt? Vom gelungenen Moment

Kommen wir zum festen Boden auf der Karte unserer inneren Welt. Die Gegenwart ist bei den meisten Menschen, die ihre Berufung suchen, nicht unbedingt das Paradies auf Erden. Aber es lohnt sich, nach dem Garten zu suchen, in dem die eine oder andere Orchidee blüht. Aus der Gegenwart können wir nicht nur erfahren, was wir nicht mehr wollen, sondern auch das, was uns aller Erfahrung nach Spaß macht, was wir gerne tun und was uns mit Befriedigung erfüllt. Und hier liegt ein Schlüssel zur Berufung: Sie liegt da, wo die Stärken sind, und nicht etwa da, wo die Schwächen sind. In unserer Kultur sind viele gewohnt, vor allem ihre Schwächen zu sehen und an diesen zu arbeiten. Dieser eingeschränkte Blickwinkel ist tief in unserem Bewusstsein verankert. In meiner Schulzeit wurden Förderunterricht und Nachhilfe in den Fächern gegeben, in denen jemand schlecht war, nicht etwa da, wo jemand gut war und besondere Stärken hatte. Was gut lief, wurde zwar gelobt, aber nicht besonders gefördert, die Energie und die höchste Aufmerksamkeit sollten dahin fließen, wo die Noten unterdurchschnittlich waren.

Menschen, die ihre Berufung gefunden haben, haben gelernt, den Blickwinkel zu verändern. Sie suchen danach, was ihnen gelingt; und vor allem danach, was ihnen dabei noch besonders leicht von der Hand geht. Denn die eigene Berufung fühlt sich leicht an. Auch hier stoßen wir auf eine nicht alltägliche Haltung, die mittlerweile immer mehr Psychologen interessiert.

Eine neue Richtung der Psychologie, die so genannte positive Psychologie, beschäftigt sich seit Ende der 90er Jahre mit den guten Gefühlen und den Stärken von Menschen. Statt den Blick auf eine negative Vergangenheit und Probleme zu lenken, konzentriert sie sich auf die Erforschung dessen, was gut funktioniert.[29]

Das sollten wir auch tun. Denn was suchen wir in der Gegenwart? Wir suchen nach dem gelungenen Moment. Der amerikanische Psychologe Mihaly Csikszentmihalyi nennt diesen Moment den Zustand des »Flow«, in dem ein Mensch ganz in der Zeit aufgeht und sich einer Aufgabe widmet, die ihn genug fordert, um seine ganze Konzentration zu beanspruchen und so sehr mit seinen Fähigkeiten übereinstimmt, dass ein Gefühl von tiefer Befriedigung entsteht.[30] Im Flow vergessen Menschen die Zeit und haben das Gefühl, etwas Aufregendes getan zu haben. Je glücklicher ein Mensch ist, so der Psychologe, desto öfter erlebt er Flow.

Die Tätigkeit, in der man Flow erlebt, muss nicht unbedingt die eigene Berufung sein. Zur Berufung gehört mehr als Flow. Aber die Chance, dass ein Mensch, der seine Berufung lebt, in dieser Tätigkeit mehr Flow erlebt als andere, ist hoch. Ich selbst vergesse beim Schreiben die Zeit vollständig und wundere mich, wenn ich auf die Uhr sehe, wie lange ich schon im Flow »verschwunden« war. Judith, die Wissenschaftlerin, die sich als Kind eine Spielkameradin erfunden hatte, berichtet ebenfalls von ausgedehnten Flow-Erlebnissen, wenn sie wissenschaftliche Bücher liest oder eine ihrer Studien durchführt. Auch der Unfallchirurg Jochen geht ganz im Moment auf, wenn er sich um einen Patienten kümmert, egal ob früh am Morgen oder mitten in der Nacht.

Mihaly Csikszentmihalyi betont, dass Flow dann erreicht wird, wenn eine gute Mischung zwischen Anstrengung und Leichtigkeit gelungen ist. Arbeit, die Flow erzeugt, ist demnach nicht hart und zerstörerisch, sondern höchstens herausfordernd. Nicht die asketische Selbstaufgabe führt in den gelungenen Moment, sondern ganz im Gegenteil – bewusste Konzentration gepaart mit Leichtigkeit in der Umsetzung. Auch hier wird deutlich: Es wird uns leichter fallen, den Flow in unseren Stärken zu finden als in unseren Schwächen. Wir müssen also danach suchen, was uns, ohne uns zu langweilen, leicht von der Hand geht und obendrein ein Gefühl von Befriedigung hinterlässt.

Eine Erweiterung des Flow-Erlebnisses habe ich bei Kara kennen gelernt, die als Management-Coach mit Führungskräften von Großkonzernen arbeitet. Sie berichtete über typische Flow-Gefühle. Darüber hinaus habe sie aber ein noch größeres Glücksgefühl, wenn sie mitten im Flow zu ihrer Selbstwahrnehmung zurückkehrt und den Moment, in dem sie sich befindet, in einen höheren Sinnkontext stellt. Sie nimmt sich dann selbst gleichzeitig von innen und außen wahr und sagt zu sich selbst: »Wie wunderbar das alles läuft, wie schön es ist, wie sinnvoll. Ich erlebe mich dann ganz in meinen Möglichkeiten und bin ganz da.« Diese Momente sind pure Freude. Es geht dann nicht darum, sich selbst zu vergessen – wie wir es ja auch tun, wenn wir vor dem Fernseher abschalten –, sondern ganz im Gegenteil, sich seiner selbst während der Tätigkeit voll und ganz bewusst zu werden und alles, was passiert, zu bejahen und gutzuheißen. Auch Künstler berichten manchmal über den Schaffensrausch, der unterbrochen wird von dem noch größeren Glücksgefühl, des »Sich-selbst-als-Künstler-Wahrnehmens«.

Momente des Flows oder der freudigen Selbstwahrnehmung sind Bausteine der Berufung. Sie geben wichtige Hinweise darauf, welche konkrete Tätigkeit und welche Umgebung mit der eigenen Persönlichkeit übereinstimmt. Katrin, die Sopranistin, die einmal meine Kollegin war, meinte:

»Wenn ich singe, vergesse ich die ganze Welt um mich herum. Dann bin ich ganz im Hier und Jetzt. Ich bin traurig, wenn der Moment vorbei ist. Am liebsten würde ich immer singen.« Besser hätte sie ein echtes Flow-Erlebnis nicht auf den Punkt bringen können.

Neben dem Flow ist es der erlebte Sinn, der eine Tätigkeit zur Berufung macht. Menschen, die noch nach ihrer Berufung suchen, erleben ihre Tätigkeit oft als sinnlos. Sie haben den Eindruck, die Werte, die ihnen wichtig sind, im bisherigen Rahmen nicht leben zu können. Für viele ist Selbstverwirklichung ein hoher Wert, der sie auf die Suche nach der Berufung bringt. Wer sich selbst verwirklicht, will gleichzeitig seine Werte in der Welt verwirklicht sehen. Der Begriff der »Selbstverwirklichung«, der in den 70er- und 80er-Jahren Konjunktur hatte, ist heute stärker ein Ausdruck des »Ich in der Welt« als des »Ich – und dann gar nichts« der früheren »Aussteiger«. Den meisten Menschen, die ihre Berufung suchen, geht es nicht um Abgrenzung zu einer als negativ empfundenen Gesellschaft, sondern darum, den eigenen richtigen Platz zu finden, in denen eigene Talente und Wünsche auf die Bedürfnisse der anderen treffen. Es ist oftmals nicht der Schritt in die Ego-Welt, sondern vielmehr der Schritt aus ihr heraus, der die Berufung vom bisherigen Leben unterscheidet. Geben ist aus dieser Sicht genauso wichtig wie Nehmen.

Ich habe von einem Mann gehört, der vor kurzem als hochdotierte Führungskraft in einem Versicherungskonzern arbeitete. Auch bei ihm gab eine Krise – seine Frau hatte ihn verlassen – den Anstoß, ein neues Leben aufzubauen. Von einem Tag auf den anderen wurde dem praktizierenden Christen klar, dass seine bisherige Welt auf einer Menge von

Illusionen aufgebaut war. Er kündigte seinen Job, um sich in Zukunft in erster Linie der Begleitung von Sterbenden zu widmen. Auch wenn er die Sterbebegleitung wahrscheinlich nicht zum Mittelpunkt seines restlichen Lebens machen wird, so gibt sie ihm im Moment, in der Gegenwart, die Möglichkeit, sich darüber klar zu werden, welche Werte er leben will und wohin er eines Tages im Einklang mit sich selbst und seiner Umwelt kommen möchte.

Selbstverständlich müssen es nicht unbedingt soziale Motive sein, die die eigenen Wertvorstellungen und ihre Umsetzung in der Praxis prägen. Die Berufung kann genauso höchst persönliche, auf sich selbst bezogene Werte erfüllen und damit auch für andere ein Signal oder sogar Vorbild sein. Hermann Hesse entdeckte in seinen schweren psychischen Krisen das für ihn wichtige Konzept des »Eigensinns«. Er hielt es für unerlässlich, die eigene, kantige Persönlichkeit zu entdecken und notfalls auch gegen den Willen anderer auszuleben. Nur so, davon war er überzeugt, könne man sein Leben fruchtbar und gut führen. In der Zeit, in der Hesse lebte, waren Konformität und Untertanengeist so weit verbreitet, dass sein Konzept vom Eigensinn revolutionär war. Und letztlich verfolgte auch Hermann Hesse einen sozialen Aspekt mit seinem Gedanken vom Eigensinn:

Hätten mehr Menschen seiner Zeit auf sich und ihre Interessen und nicht so sehr auf angebliche Kollektivinteressen von »Volk und Vaterland« gehört, wäre es den Deutschen und mit ihnen vielen Millionen anderer Menschen sicher besser ergangen. Heute ist das Modell Herrmann Hesses vor allem für diejenigen interessant, die sich oft in ihrem Leben als »fremdgesteuert« oder manipuliert empfinden und den Eindruck haben, dass andere mehr über ihr Dasein entscheiden als sie selbst. Für solche Menschen ist die Orientierung am Urteil anderer das größte Hindernis auf dem Weg zur eigenen Berufung. Allein der Gedanke an einen in der persönlichen Lebenswelt als »nonkonform« wahrgenommenen Weg scheint unmöglich und eine Bedrohung der eigenen Existenz. Aber auch für sie ist der erste Schritt aus der Krise die Anerkennung dieses selbstverhindernden Wertmusters.

Vorerst ist wichtig: Das Hier und Jetzt genau wahrzunehmen und die guten wie die schlechten Aspekte zu trennen und zu bewerten, sind die Aufgaben der Suche in der Gegenwart. Auch Menschen, die ihre Berufung noch nicht gefunden haben, können meist sehr genau sagen, welche Arbeits- und Lebenssituation sie als grundsätzlich angenehm oder passend empfinden und welche nicht. Für die einen ist es schön, viel mit Menschen zu tun zu haben, weil sie es als ermüdend und langweilig erlebt haben, wenn sie längere Zeit auf sich gestellt arbeiten mussten. Für andere trifft genau das Gegenteil zu: Sie lieben es in Ruhe und mit möglichst wenig Außenkontakt ihren beruflichen Aufgaben nachzugehen.

Wieder andere erleben sich am authentischsten, wenn sie mit anderen Lebewesen arbeiten. Kerstin entschloss sich nach langen Jahren als Kundenberaterin in einer Autovermietung, ihre Leidenschaft für Hunde zum Beruf zu machen. Sie ist heute Hundetrainerin und hilft Hundebesitzern und ihren Tieren dabei, ein besseres Verhältnis zueinander zu finden. Die Wirtschaftsprüferin und passionierte Reiterin Beate kann sich nach zwanzig Jahren Büroalltag vorstellen, in den nächsten Jahren Therapien mit Pferden anzubieten. Andere erleben es als essenziell, ihre Familien gut in ihr Leben integrieren zu können. Sie sind nicht (mehr) bereit, alles auf die berufliche Karte zu setzen, und wissen, dass ihre Berufung auch Platz für ein Familienleben lassen wird.

Die Erfahrung zeigt, dass in vielen Fällen Kompromisse eingegangen werden, wenn die Berufung tatsächlich umgesetzt wird. Was vorher als unerlässlich empfunden wurde, spielt dann eine untergeordnete Rolle. Für den Exmanager, der heute Sterbebegleitung anbietet, spielt ein hohes Einkommen eine geringere Rolle als früher. Viele, die ihre Berufung gefunden haben, erleben, wie nebensächlich so genannte Statusfragen werden, wenn ein Mensch die Entscheidung für sich selbst getroffen hat. Für andere dagegen kommt der finanzielle Erfolg erst, wenn die Berufung gelebt wird. In beiden Fällen steht das Thema »Geld« aber nicht mehr so weit vorne in der persönlichen Werteskala wie vorher. Fassen wir zusammen: Wenn wir wissen, was uns hier und heute gut tut, was uns Flow beschert und uns das gute Gefühl gibt, unsere Werte zu leben, dann haben wir schon reichlich festen Grund unter den Füßen. Die innere Entdeckungsfahrt kann weitergehen.

Wo will ich hin? Träume

Wasser und Land – Vergangenheit und Gegenwart lassen wir nun hinter uns. Jetzt kommen die himmlischen Dimensionen: Hier geht es nicht mehr um Erfahrungen, sei es in der Vergangenheit oder in der Gegenwart, sondern um Wünsche. Ganz bewusst geht es nicht um Ziele, sondern um Wünsche. Ziele entspringen dem Willen und sind oft geprägt von fremden Wertmustern. Bei der Suche nach der Berufung geht es aber um die Gefilde des Vorbewussten, das sich schon weit genug aus dem Unterbewussten herausgewagt hat, aber immer noch nicht ans Tageslicht des Bewusstseins gelangt ist. Vielleicht, weil es anderen Werten und fremden Vorstellungen vom gelungenen Leben zu widersprechen scheint. Vielleicht auch, weil es sich bisher nicht an bereits getroffene Lebensentscheidungen andocken ließ.

Die Brücke zur Zukunft liegt in der Frage: Wie würde ich am liebsten leben? Die Antworten darauf sind Wegweiser dafür, was wir heute beginnen sollten, um morgen dort zu sein, wo wir sein möchten. Denn wenn Wünsche zugelassen werden, wird sich der Geist einen Weg suchen, diese in die Realität umzusetzen. Diese Wege sehen oft anders aus als ursprünglich gedacht, aber in der Rückschau – das berichten Menschen, die ihre Berufung gefunden haben – ist alles sinnvoll; und selbst die Umwege, die ein Mensch gegangen ist, haben zumindest seine Ortskenntnis erhöht.

Es gibt drei wichtige Fragen, die ich Menschen stelle, wenn ich wissen möchte, ob jemand seine Berufung gefunden hat oder in welche Richtung seine Reise gehen wird: Ich nenne sie die Lottofrage, die Frage nach dem nahen Tod und die Frage der Altersweisheit.

Gewöhnlich stelle ich zuerst die Lottofrage: »Was würdest du tun, wenn du heute einen so großen Lottogewinn machen würdest, dass du dir dein ganzes Leben lang keine Sorgen mehr um deinen Lebensunterhalt machen müsstest?« So einfach diese Frage klingt, so vielschichtig ist ihre Wirkung. Die meisten greifen zuerst auf ihre »Urlaubsphantasien« zurück und träumen davon, wie sie mit dem Geld »in die Karibik abdampfen«. Die Urlaubsphantasie ist für Menschen, die ihre Berufung noch nicht gefunden haben, die typische Antwort. Sie ist wie ein tiefes Durchatmen, ein Versprechen nach Erholung von einem ungeliebten, regnerischen Alltag. Die Karibik steht für das ganz andere Leben in Sonnenschein, Wärme, Entspannung und Sorglosigkeit.

Die Wirkung der Lottofrage entfaltet sich, wenn jede Urlaubsantwort mit einem »Und dann?« hinterfragt wird – ähnlich der Frage, die der Ratgeber des Königs Pyrrhus an seinen Herrn stellte. König Pyrrhus war nach der Legende davon überzeugt, immer wieder neue Kriege führen zu müssen. Eines Tages fragte ihn sein Ratgeber Cineas: »Du wirst diesen Krieg gewinnen, und dann?« »Dann werde ich den nächsten Krieg führen und das nächste Land erobern«, antwortete der König. »Und dann?«, fragte Cineas weiter. »Dann werde ich das nächste Land erobern.« Welche Antwort der König auch gab, Cineas fragte: »Und dann?« Schließlich antwortete der König: »Und dann werde ich mich ausruhen.«

Da fragte ihn Cineas: »Und warum, König, ruhst du dich nicht lieber gleich aus?«

Nach den Urlaubsphantasien folgt das, was ich »Gebephantasien« nenne: Die meisten mentalen Lottomillionäre denken nach dem Urlaub an für sie wichtige oder bedürftige Menschen. Sie fragen sich, wem sie etwas geben können. Wenn man in diesem Moment aufmerksam die Körpersprache der Antwortenden beobachtet, sieht man, dass aus dieser Gebephantasie eine noch größere Befriedigung kommt als aus der Urlaubsphantasie. Natürlich nimmt die Frage nach der eigenen Lebensaufgabe andere Wege als die nach dem Lottogewinn. In der Realität werden die wenigsten von uns vor der Herausforderung stehen, ihr überzähliges Vermögen zu verteilen. Es geht um Fähigkeiten, nicht um Geld, das man geben kann. Welchen Beitrag möchte man mit dem eigenen Leben leisten? Wo könnte man sich vorstellen, konkret einen »Unterschied zu machen«, *to make a difference,* wie die Amerikaner sagen?

Der Friedensnobelpreisträger Albert Schweitzer wollte seit seinen frühen Zwanzigern dem so genannten Schwarzen Kontinent etwas zurückgeben, was diesem die Weißen seiner Meinung nach weggenommen hatten. Für Menschen wie Schweitzer war die Orientierung an der Frage »Was will ich geben? Was will ich beitragen?« eine Lebensleitfrage, für die er große Mühen und Veränderungen auf sich nahm. Geben muss natürlich nicht unbedingt helfen heißen. Es muss sich auch nicht direkt an einzelne Menschen richten. Katrin, die Sopranistin, sagte mir auf die Frage, was sie mit ihrem Gesang bewirken möchte: »Ich will die Leute berühren, es gibt etwas, das sie berühren darf. Sie dürfen sich rühren lassen.« Ein Künstler oder ein Techniker geben auf einer anderen Ebene ebenso wie eine Ärztin oder ein Krankenpfleger. Was Schriftsteller wie Tolstoi, Hesse, Kafka oder Hemingway den Menschen ihrer Generation und der nachfolgenden Welt gegeben haben, lässt sich ebenfalls nicht messen.

Es müssen nicht einmal Menschen sein, die im Mittelpunkt des Gebens stehen. Ein Mann wie der »Pferdeflüsterer« Monty Roberts hat sich in frühen Jahren gewünscht, mit seinem Leben das jahrtausendealte Verhältnis zwischen Pferden und Menschen auf eine neue, bessere Grundlage zu stellen.[31] Mit seinen Methoden ermöglicht er, junge Pferde auf eine sanfte Art auf die Arbeit mit dem Menschen vorzubereiten. Gewalt und das Brechen des Willens, wie seit Jahrtausenden beim »Einreiten« von Pferden üblich, müssen nicht sein. Monty Roberts ist mit Sicherheit nicht der einzige, der mit Pferden gewaltfrei arbeitet, aber er hat sich mit seiner Art der Öffentlichkeitsarbeit einen Wunsch erfüllt, der in seiner Wirkung über Prominenz und persönlichen Profit weit hinausgeht.

Die »Gebephantasien« bringen gute Hinweise. Fragt man unablässig weiter »Und dann?«, trauen sich nach meist längeren Denkpausen die Wünsche an die Oberfläche, die bisher von Existenzängsten oder fremden Wertvorstellungen unterdrückt worden waren. Olaf, Ingenieur an der Technischen Universität in Berlin, träumt dann davon, mit einem Team guter Kollegen ein eigenes Coaching-Institut aufzubauen. Andere sprechen davon, endlich ihre Lust auf das Malen auszuleben, sich ein Atelier einzurichten und darauf loszuarbeiten. Diese »Erfüllungsphantasien« müssen noch nicht die endgültige Berufung sein, aber sie geben wichtige Hinweise darauf, wie man sich einen gelungenen Alltag voller Produktivität vorstellt. Und sie bringen einen Vorgeschmack auf das ganz neue Energieniveau, das mit dem Leben der Berufung einhergeht.

Die zweite Frage, die ich stelle, ist die Frage nach dem nahen Tod: »Stell dir vor, du würdest heute erfahren, dass du nur noch ein Jahr zu leben hast. Was würdest du tun?« Die Antworten auf diese Frage zeigen die unmittelbar drängendsten Themen an, die einen Menschen beschäftigen. Buchstäblich das, was er auf jeden Fall erleben möchte, bevor er stirbt. Es kommen Sätze wie: »Ich würde noch ein Kind zeugen« oder »ich würde mich mit meiner Mutter versöhnen« oder »eine Weltreise machen« oder »das lange geplante Buch schreiben«. Die Vorstellung, nicht mehr lange zu leben, bringt die meisten in einen Zustand, in dem sie über die Essenz ihres Lebens nachdenken. Es ist dieser Zustand, den wir für das Nachdenken über die eigene Berufung nutzen sollten. Wenn wir den Abgrund, der sich mit dieser Frage auftut, nur einen Moment aushalten, wird das Unterbewusste leichter sprudeln und uns unter buchstäblichem Lebensdruck das mitteilen, was in uns schlummert.

In der letzten der drei Fragen geht es darum, welches Vermächtnis wir hinterlassen wollen. »Stell dir vor, du bist ein alter Mensch und hast ein erfülltes Leben fast zu Ende gelebt. Worauf wirst du mit Freuden zurückblicken? Was wirst du der Welt hinterlassen?« Anne-Christin, die ehemalige Touristik-Fachwirtin und Geschäftsfrau, die heute als Coach für persönliche Entwicklung arbeitet, sagte mir auf die Frage, worauf sie mit Blick auf ihr Leben als alte Frau einmal stolz sein würde: »Ich wäre stolz, wenn ich sagen könnte: Ich habe viele Herzen geöffnet.«

Die Antwort Annes weist auf eine entscheidende Qualität von Berufung hin: Sie findet sich in der Regel nicht in einer einzigen Berufsbezeichnung, sondern in einem Satz. Diesem Satz kann dann eine Vielzahl von Tätigkeiten zugeordnet werden, die je nach Vergangenheit, Gegenwart oder Zukunft eines Menschen passen oder weniger passen. Für den Berufungssatz »Herzen öffnen« fielen Anne Tätigkeiten wie Journalistin, Therapeutin, Priesterin, Coach oder Talkmasterin ein. Für meinen Berufungssatz, der »Zeuge sein« heißt, kommen ebenfalls viele Berufsbilder in Frage: Rechtsanwältin, Richterin, Psychologin, Wissenschaftlerin, Coach oder Schriftstellerin, um nur einige zu nennen. Andere Menschen sehen das »Verbindungen schaffen«, »Gerechtigkeit herstellen« oder »Heilen« als ihre Berufung an. Der Zahl der konkreten Tätigkeiten sind dann beinahe keine Grenzen gesetzt.

Wenn wir die Zukunft auf diese Weise ausgelotet haben, ist die Kartographie unserer inneren Welt fertig. So weit fertig, dass unser Unbewusstes damit arbeiten kann. Im Laufe des Prozesses sind hier und da Meeresungeheuer aus der Vergangenheit aufgestiegen und vielleicht hat sich auch die eine oder andere »Landratte« blicken lassen. Insgesamt müssten wir nun eine Karte von den guten Erinnerungen, dem Genießen in der Gegenwart und den Wünschen an die Zukunft besitzen. Ein Bild, das noch möglichst frei von Sorgen und Hindernissen betrachtet und auf seine Eignung für die Berufung überprüft werden kann. Wir haben damit einen ersten Schritt getan, der in der Theorie der Kreativität als die so genannte »Vorbereitungsphase« bezeichnet wird. In dieser Phase recherchieren »Genies«, stellen sich gute Fragen und grenzen das Problem ein, das sie lösen wollen. Künstler ebenso wie Wissenschaftler oder Erfinder. Ist diese Phase abgeschlossen, kommt die geheimnisvolle Phase der Intuition und der Inspiration. Das Unterbewusstsein hat nun das Material, mit dem es arbeiten wird. Unbemerkt gehen wir unserem Alltag nach und steuern trotzdem auf das Wunder der »Eingebung« zu. Wir sind bereit für das *Finden.*

FINDEN

Seine Berufung zu finden ist eine Kunst. Und ein künstlerischer Prozess verläuft in mehreren Phasen. Da ist zuerst einmal die Sichtungsphase, in der man sein Material zusammenstellt, sich Gedanken macht und sich ganz bewusst, also mit der linken Hirnhälfte, mit einem Thema auseinander setzt. Das ist es, wenn wir eine neue innere Landkarte entwerfen wie im vorherigen Kapitel. Jetzt geht es um die Inkubationsphase. Dann folgen Intuition und Inspiration.

Inkubation

Inkubation ist im medizinischen Sinne die Zeit von der Ansteckung bis zum Ausbruch einer Krankheit. Der Körper arbeitet und im Unbewussten tut sich etwas. Aber die Inkubationszeit hat nicht nur mit Krankheit zu tun. Sie ist ein Kernstück jeder Kreativität. Nicht immer einfach, aber wirkungsvoll. Viele Künstler berichten, dass die Inkubationsphase eine schwierige Zeit ist, in der man sich oft abwesend, launisch oder gar melancholisch fühlt. Intuitive Zustände, die mit der rechten Hirnhälfte zu tun haben, gewinnen an Bedeutung. Wir leben ganz normal weiter, aber im Hintergrund passieren wichtige Dinge. Was wir in der ersten Phase vorbereitet haben, arbeitet jetzt im Verborgenen weiter, wenn wir es gar nicht merken. Das Unterbewusste verarbeitet die Informationen, spielt mit ihnen und bereitet die Inspiration vor, den Moment der Eingebung, in dem sich Verstand und Unterbewusstes verbinden und man die Antwort auf die Frage erhält, die man sich ursprünglich gestellt hat. Abwarten und Tee trinken kann also eine sehr weise Empfehlung sein. Wie befreiend!

Finden ist eigentlich ganz leicht: suchen, loslassen und erinnern. Weiter nichts. Für Menschen, die sich über Aktivität definieren, ist das aber die größte Herausforderung. Betrachten wir es ganz praktisch. Wann finden wir die verlegte Geldbörse? Natürlich erst, nachdem wir alles durchforstet haben und eigentlich schon nicht mehr ernsthaft suchen. Der Schlüssel zum Finden liegt im Zwischenraum von Entspannung und Aufmerksamkeit. Entspannte Zustände mit einem nur leicht anvisierten Ziel, die ein Finden eher möglich machen als angespanntes Nachdenken. Albert Schweitzer lag auf seinem Bett, als er sich zum ersten Mal seiner Lebensaufgabe bewusst wurde. Er lag im Bett und wusste plötzlich, dass er sein Leben in den Dienst anderer stellen wollte. Wem er es widmen wollte, erfuhr er, als er ganz versunken vor der Statue eines Schwarzen in Colmar stand: Dem »Schwarzen Kontinent«, Afrika und seinen Bewohnern, wollte er dienen.

Hermann Hesse, damals noch ein Schulbub, war versunken in die Lektüre eines Gedichts, als ihm der Gedanke durch den Kopf schoss, Dichter zu werden.

Wichtige Erkenntnisse kommen, wenn man wirklich entspannt und ohne Absicht ist. Das gilt auch für die großen Entdeckungen der Wissenschaft. Der Mathematiker Jules Henri Poincaré entdeckte nach jahrelangen mühseligen Tüfteleien wichtige Gruppen so genannter Fuchs'scher Funktionen, als er entgegen seiner Gewohnheit abends schwarzen Kaffee trank, nicht schlafen konnte und in einen wahren Ideenrausch fiel. Ein anderes Mal hatte er wieder lange an arithmetischen Fragen getüftelt, bis er völlig entnervt für einige Tage ans Meer fuhr und dort während ausgedehnter Strandspaziergänge blitzartige Eingebungen für die Lösungen hatte. Berühmt ist die Geschichte von August Kekulé von Stradonitz. Der Chemiker döste in seinem Sessel vor dem Kamin ein, als er die Ringstruktur des Benzols »erträumte«. Auf einem Vortrag erzählte er seinen Kollegen von diesem denkwürdigen Augenblick: »Eine der Schlangen hatte ihren eigenen Schwanz erfasst, ihre Gestalt wirbelte spöttisch vor meinen Augen. Wie vom Blitz getroffen wachte ich auf ... Lassen Sie uns träumen lernen, meine Herren!«[32]

Ein Meister des absichtslosen Offenseins genauso wie der Kreativität war übrigens Johann Wolfgang von Goethe, der auf seinen ausgedehnten Spaziergängen so manche wichtige Entdeckung machte. »Ich ging im Walde/So für mich hin/Und nichts zu suchen/Das war mein Sinn (...)«, schreibt er in dem Gedicht »Gefunden«. Natürlich hat Goethe etwas gefunden. Ganz unabsichtlich, wie er beteuert. Ein »Blümchen«, das wohl eher auf zwei Beinen daherkam und ihm viel Freude machte. Manchmal sind die erfreulichsten Begegnungen eben die unerwarteten.

Das Geheimnis des Findens ist, sich nach der Beschäftigung mit dem Berufungsthema treiben zu lassen und absichtslos offen zu sein. Die Sinne ohne Zweck und Ziel für das zu öffnen, was uns begegnen mag, erfordert die Fähigkeit, loszulassen, sich über die Tagesgeschäfte zu erheben und mit offenem Blick durch den Alltag zu gehen. Der offene Blick ist etwas anderes als Konzentration.

Im Grunde hören wir auf zu suchen und öffnen uns für das Finden. Sehen wir uns einmal das Phänomen des Glückspfennigs genauer an. Der Glückspfennig lebt von einem symbolischen Ritual, dessen Kern die Unabsichtlichkeit ist. Er zieht seine glückbringende Kraft daraus, dass man ihn unerwartet findet, und gewöhnlich finden wir ihn dann, wenn wir in Gedanken versunken durch die Straßen gehen. Plötzlich blinkert etwas auf. Eigentlich ist diese kleine Münze recht unscheinbar, und trotzdem wird eine ganz besondere Form von Aufmerksamkeit in uns erregt. Wären wir zu sehr auf unsere Gedanken fixiert, würde uns das Kupferstück gar nicht auffallen. In der Vielfalt der Farben und Formen müsste er untergehen, wenn wir nicht vorbewusst und vollkommen unabsichtlich eine Idee davon aktivieren könnten, dass es sich bei diesem Kupferstück um etwas für uns Wichtiges handelt. Diese Idee rüttelt uns von innen her wach und macht uns aufmerksam für den Gegenstand, der da liegt. »Ach, ein Glückspfennig – wie schön!« Wenn wir einen Rest von Romantik behalten haben, bücken wir uns und heben ihn auf. Wir sind ein großes Stück weitergekommen.

Intuition und Inspiration

Der Zustand der absichtslosen Aufmerksamkeit und gleichzeitigen Versunkenheit ist ein Ziel vieler Meditationen und Gebetsformen. Über Kulturen hinweg gehen Menschen davon aus, dass die Verbindung zu einem höheren

Selbst oder einem göttlichen Wesen in diesem Geisteszustand am besten zu erreichen ist.

Das normale Denken auszuschalten ist zum Beispiel ein Kerngedanke des japanischen Zen-Buddhismus. In seinem Buch »Zen in der Kunst des Bogenschießens«[33] berichtet der Japanexperte Eugen Herrigel über das Ziel der »absichtslosen Gespanntheit«. Zen-Buddhisten sind zwar überzeugt, dass der Mensch ein denkendes Wesen ist, aber auch davon, »dass alle wichtigen Werke vollbracht werden, wenn der Mensch nicht rechnet und denkt«.[34] Sie gehen davon aus, dass es drei Wissensarten gibt. Einmal dasjenige, was man gehört oder gelesen hat, dann, was man selbst beobachtet, erfahren oder analysiert hat und schließlich das intuitive Begreifen, das schneller ist als die ersten beiden und zu einem spontanen Erkennen führt.

Spirituelle Praktiken oder Drogen verhelfen Menschen seit Jahrhunderten, einen »leeren« Geisteszustand gezielt hervorzurufen. In vielen Religionen wird viel von der Kraft des Fastens gehalten. Jeder, der einmal mehrere Tage gefastet hat, weiß, welche interessanten halluzinatorischen Zustände zwischen körperlicher Schwäche und großer geistiger Klarheit liegen. Finden ist in diesem Sinne also eher ein »Sich-finden-Lassen« als ein Ergebnis aktiver Suche. Sich öffnen und bereit sein für die Intuition oder Inspiration ist die Voraussetzung, Zugang zu tieferen Schichten der eigenen Erkenntnis zu finden.

Der katholische Orden der Jesuiten praktiziert seit Jahrhunderten regelmäßig vierwöchige Exerzitien, in denen die Gläubigen auch ihre »persönliche Berufung« finden sollen. Diese ignazianischen Exerzitien, die nach dem Ordensgründer Ignatius von Loyola benannt sind, bestehen aus langen Gebets- und Meditationseinheiten, viel Einsamkeit und Gesprächen mit dem geistlichen Beistand. Ein abgestuftes System von Fragen soll den Gläubigen zu einer bewussten »Wahl« seiner spirituellen Grundsätze und des daraus folgenden Lebensweges bringen. Katholiken gehen von der Idee aus, dass Gott jeden Menschen persönlich »ruft«. Dieser Ruf wird als eine Art Dienstverhältnis zu Gott gesehen. Der Mensch wird in diesem Bild zum Werkzeug, der auf seiner individuellen Ebene den höheren Willen Gottes vollzieht. Einen Willen, der einem Plan unterliegt, den Menschen nicht durchschauen können. Aber lassen wir das beiseite. Nicht jeder liebt diese Form der Hingabe.

Meditierende und Betende aller Religionen berichten, dass sie Momente höchster Weisheit erleben, in denen ihnen bisher verschlossene Zusammenhänge auf einmal klar und einfach erscheinen. So ist es auch bei zahlreichen Berufungserlebnissen. In der Bibel finden sich mehrere Stellen, die bezeugen, dass die Propheten während ihres Berufungserlebnisses in einem tranceartigen Zustand waren, der schamanischen Trance-Zuständen auffällig ähnelt und ein Zeichen für tiefe Intuitionserfahrungen ist. Den Propheten Daniel verließen während des Rufes alle körperlichen Kräfte, sein »Antlitz«, so steht es geschrieben, »verfärbte sich und ward entstellt«. Jesaja fühlte seine Hüften »durchzuckt von Krämpfen« wie »die Wehen einer Gebärenden«. »Entsetzen und taumelnde Sinne« erfuhr Jesaja bei den furchtbaren Weissagungen, die ihm in diesem Moment »einfielen«. Ihre bildhaften Eingebungen und klaren Gewissheiten haben Propheten, Heilige, ganz normale

Gläubige und Kreative jeder Herkunft der Intuition zu verdanken. Was ist das genau?

Intuition, abgeleitet vom lateinischen *intuitio,* stammt ursprünglich aus einer Übersetzung des griechischen Wortes *epibolé*, das so viel heißt wie »schlagartiges geistiges Erfassen des ganzen Erkenntnisgegenstandes«. In der Antike waren sich die Philosophen einig, dass diese Form der Erkenntnis den anderen Formen überlegen sei, weil sie ganzheitlich ablaufe und nicht kleinteilig mit dem Zusammensetzen bekannter Informationen arbeite. Auch spätere Philosophen hielten an dieser Unterscheidung fest. Der Lebensphilosoph Henri Bergson, er lebte von 1859 bis 1941, bezeichnete die Intuition als »diejenige Art von Sympathie, also intellektueller Einfühlung, kraft derer man sich in das Innere eines Gegenstandes versetzt, um auf das zu treffen, was er an Einzigem und Unausdrückbarem besitzt. Analyse dagegen führt den Gegenstand auf schon bekannte, also diesen und anderen Gegenständen gemeinsame Elemente zurück.« Wenn Intuition die Eigenschaft hat, das »Einzige und Unausdrückbare« auszudrücken, was ein Gegenstand oder wir selbst als Menschen in uns haben, dann ist sie natürlich ein wichtiger Wegweiser in der Kunst, die eigene Berufung zu finden.

Was sagen nun Naturwissenschaftler dazu? Wie erklären sie Phänomene wie die Intuition? Folgt man medizinischen Untersuchungen, ist es ein intensives Zusammenspiel zwischen rechter und linker Gehirnhälfte, die tranceartige Intuitionszustände hervorruft. Jeder von uns kennt dieses Zusammenspiel. Beim Einschlafen und beim Aufwachen erleben Menschen ganz natürlich eine Parallelaktivität der Hirnhälften. Der Geist verlagert sein »Hauptspielfeld« von der form- und regelorientierten linken Gehirnhälfte, die zum Beispiel Sprache produziert, auf die rechte Hälfte, die Bilder hervorbringt. Wir gleiten nach und nach vom Wachzustand des Denkens in den Schlafzustand des Träumens.

Was Denker und Forscher aller Generationen bewegt, ist, dass niemand genau sagen kann, woher das plötzliche Wissen der Intuition kommt. Der griechische Philosoph Proclos war, ebenso wie zahlreiche Denker nach ihm, davon überzeugt, dass hinter der intuitiven Erkenntnis eine höhere, absolute Wesenheit stehen müsse, mit der der Mensch über intuitive Anschauung Kontakt aufnehme. Wie sonst sollte man sich das Wissen erklären, das man plötzlich hatte, ohne zu wissen, woher es kam und wie es zustande gebracht wurde? Hier finden wir bereits die spirituelle Dimension des Berufungsgedankens.[35]

Menschen, die gläubig sind, erleben ihre eigenen Talente als spirituelle Gabe. Daher kommt auch der Begriff der Inspiration, der das lateinische Wort *spiritus* enthält, das für den (Heiligen) Geist steht, der einem eingehaucht wird, wenn man eine Inspiration hat. Die Inspiration ist der Moment, in dem uns eine tiefere Weisheit schlagartig klar wird, als ob uns jemand die Lösung für ein schwieriges Problem eingeflüstert hätte. Kein Wunder, dass Menschen über Jahrhunderte glaubten, diese Form der Erkenntnis müsste von einem Gott stammen.

Der große Dichter Gerhard Hauptmann beispielsweise sah sich als »Werkzeug Gottes« und hatte den Eindruck, während seines Schaffens göttlicher Inspiration zu folgen. Über Beethoven wurde erzählt, was er einem Kapellmeister entgegenwarf, der sich über eine zu schwierige Komposition beschwerte: »Als ich diese Stelle schrieb, war ich mir bewusst, von Gott dem Allmächtigen inspiriert worden zu sein. Glauben Sie, ich kann Ihre winzige Fiedel berücksichtigen, wenn Er mit mir spricht?« Schrullen und Eigenarten entwickelten die Kreativen, die sich von einer höheren Macht inspiriert fühlten. Joseph Haydn soll sich für das Komponieren immer den besten Anzug angezogen und dazu gesagt haben: »Ich trete jetzt mit Gott in Verbindung und muss passend gekleidet sein.«[36]

Nicht immer musste Gott die Inspiration liefern. Auf einer Bleistiftzeichnung aus dem 19. Jahrhundert sieht man, wie der Teufel persönlich den im Bett schlafenden Komponisten und Geiger Tartini zu seiner »Teufelstriller-Sonate« inspirierte. Tartini hatte nach eigenen Berichten kurz vor dem Zubettgehen Goethes Faust gelesen und war anscheinend so angeregt von der Figur des Mephistopheles, dass ihm »der Teufel« selbst im Traum erschien und ihm eine Musik »eingab«, die er kurz nach dem Aufwachen aufschrieb. Die Menschen trauten sich also offenbar nicht zu, selbst auf diese Ideen gekommen zu sein. Die besonders schlechten wie auch die herausragend guten Leistungen, die sie vollbrachten, schoben sie gerne auf andere Mächte, anstatt sich Gedanken darüber zu machen, wie sie ihre guten Leistungen immer wieder selbst hervorbringen könnten.

Kann man ihnen das übel nehmen? Bestimmt nicht, folgten sie dabei doch einer Denktradition der Antike, die bis heute sprichwörtlich ist. Ein Künstler, der herausragende Werke hervorbringt, gilt als »von den Musen geküsst«. Übernatürliche Mächte sind da am Werk, die für das Gelingen der eigenen Aufgabe sorgen. Ihrem Ursprung in der Mythologie der griechischen Götterwelt nach sind die Musen schöne Nymphen, die heilige »Quellen« hüten. Ihre Mutter Mnemosyne war die Göttin der Erinnerungskraft und gebar dem Zeus die neun Musen, die sich um die Künste kümmerten.

Jede hatte ein eigenes Aufgabenfeld: Klio waren die Muse der Geschichte, Euterpe für die Flötenmusik, Thaleia für die Komödie, Melpomene für die Tragödie. Während sich Terpsichore für die Chorlyrik einsetzte, waren Erato für das Liebeslied, Polymnia für den Tanz, Urania für die himmlischen Sternenwissenschaften und damit für die Sagen, Kalliope dagegen für das Epos zuständig. Wollte ein Mensch sich in diesen Künsten verwirklichen, war er nach antikem Glauben auf den Beistand dieser Musen angewiesen, wenn er über reinen Dilettantismus hinauskommen wollte. Homer versäumte nicht, die Musen gleich zu Beginn seiner beiden Epen »Ilias« und »Odyssee« um Inspiration zu bitten.

Wie stellte man sich diese Verbindungsaufnahme mit den höheren Mächten vor? Die Griechen glaubten, dass wir ganz natürliche »Antennen« dafür haben. Sie waren der Überzeugung, dass in jedem Menschen Unsterbliches sei, das sich seines himmlischen Ursprungs erinnern könnte. Deshalb könne der Mensch ewige Ideen begreifen und selbst auch unsterbliche Gedanken ausdrücken. Dieser »unsterbliche« Teil im Menschen, seine Seele, wurde auch Dämon genannt. Philosophen und Priester deuteten diesen Teil ins uns als unser ureigenes, sich in besonderen Situationen offenbarendes Wesen. Eine ähnliche Vorstellung ist die von einem Genius, einer Art Geschöpf, das uns bei der Geburt mitgegeben wurde als Verbindung zwischen dem Himmlischen und dem Irdischen.[37]

Kein Wunder also: Menschen, die in den Augen der Allgemeinheit beinahe »überirdische« Leistungen vollbringen, werden deshalb bis heute als »Genies« bezeichnet. Genies wie Mozart oder Einstein werden von der Nachwelt meist auch für »berufen« gehalten.

Ob nun direkt von Gott oder nicht, etwas »Übermenschliches« haftet sowohl dem Talent als auch der Berufung an. Die meisten Menschen, mit denen ich über ihre Berufung gesprochen habe, stehen fest auf dem Boden der so genannten objektiven Realität. Nur wenige von ihnen halten sich für gläubig. Doch alle von ihnen erlebten einen Moment der Unsicherheit, wenn ich sie gefragt habe, wer sie denn »gerufen« habe. Sie wunderten sich selbst darüber, dass sie sofort eine klare Vorstellung davon hatten, was eine Berufung denn sei und dass diese definitiv etwas anderes, größeres sei als zum Beispiel ein so genannter Traumjob, in dem sie viele *Flow*-Erlebnisse hatten.

Nach kurzem Nachdenken räumten viele von ihnen ein, es gebe wohl eine metaphysische Dimension, etwas fast Spirituelles, was mit dem Finden und Leben der eigenen Berufung verbunden sei, auch wenn es keinesfalls an irgendeinen Glauben gebunden sei. Ralf, ein Trainer und Coach, würde sich nicht im klassischen Sinne als gläubig bezeichnen. Aber auch er glaubt, dass es eine Art Plan für die Welt gibt. Wie bei einer Maschine gebe es für jeden Menschen einen Platz, an dem er »wie ein Zahnrädchen« im Getriebe des Ganzen ein sinnvolles Leben führen könne. Das Empfinden, dass die eigene Gabe oder Tätigkeit »nicht von dieser Welt« stammt, kann eine enorme Kraft entwickeln, die dabei hilft, große Veränderungen relativ leicht zu bewältigen. Vielleicht wäre es auch für strikte Rationalisten einen Versuch wert, ganz bewusst ein eigenes, persönliches Verhältnis zu dieser Dimension zu entwickeln, wenn auch nur, um die Chancen des eigenen Weiterkommens in der Berufungsfrage zu erhöhen. In Techniken der Persönlichkeitsentwicklung heißt das einen »Als-ob-

Rahmen« aufmachen, um sich einen mental größeren Spielraum zu ermöglichen.

So machte es übrigens auch kein Geringer als der große Kirchenvater Augustinus, von dem bereits die Rede war. Die Stimme des Kindes, die sagte: »Nimm und lies, nimm und lies«, hätte Augustinus einfach überhören können, aber er beschloss, einen »Als-ob-Rahmen« aufzumachen, und tat so, als ob das die Stimme Gottes gewesen sein könnte. Und siehe da, er schlug die Bibel auf einer beliebigen Seite auf und wurde zu einem christlich-keuschen Leben aufgerufen. Mit dieser »Mahnung von außen« schaffte er es, sich in Zukunft zusammenzunehmen und zu einem großen Bischof und Kirchenmann zu werden. Es war eine äußere Stimme, die der Mensch der Antike brauchte, um seine innere Stimme ernst zu nehmen. Warum? Antike und Christentum gingen von der Dreiteilung der menschlichen Existenz in Körper, Geist und Seele aus: ein Körper, ein Geist, eine Seele. Die Vorstellung, dass es verschiedene innere Anteile, verschiedene »Selbste« geben könnte, war Menschen über Jahrhunderte hindurch fremd. Hatte ein Mensch Gedanken oder zeigte er Regungen, die gesellschaftlich geächtet waren, wurden diese dem Einfluss von Dämonen oder dem Teufel zugeschrieben. Er galt dann buchstäblich als »von bösen Geistern besessen«. Das ausnehmend Schlechte wie das ausgesprochen Gute – beide Extreme wurden äußeren Kräften zugeschrieben.

Die neuere Psychologie vertritt ein anderes Menschenbild. Sie hat die Idee der Persönlichkeitsanteile eingebracht. Danach werden ungewünschte Eigenschaften abgespalten, das heißt, ein Mensch verdrängt sie und lebt sie unbewusst aus. Sehen wir uns das Extrem davon an: Menschen, die an Schizophrenie leiden, bilden zum Beispiel in sich Stimmen aus, die scheinbar fremd zu ihnen sprechen. Oft sind es abwertende Kommentare oder Befehle, die diese selbst produzierten Stimmen geben. Was passiert da? Der subjektiven, inneren Realität wird eine scheinbar objektive, äußere Realität verliehen. Um die innere »Einheit« aufrechtzuerhalten, werden Stimmen nach außen verlagert und als fremd wahrgenommen, obwohl sie dem eigenen Bewusstsein entspringen. So weit das Extrem. Natürlich haben wir, wenn wir nicht an psychischen Krankheiten leiden, die Möglichkeit, die Vielfalt innerer Stimmen wahrzunehmen und ein breiteres Bild unserer so genannten »Identität« zuzulassen. Denn es ist ein völlig normaler Zug, verschiedene Persönlichkeitsanteile wahrzunehmen.

Wichtig ist, diese Anteile so zu integrieren, dass es weiterhin einen stabilen Persönlichkeitskern gibt. Friedemann von Schulz von Thun spricht vom »inneren Team«, das man führen und fördern kann. Jede Stimme sollte Gehör finden. Erst dann sind wir in der Lage, die Vielfalt unserer Persönlichkeit zu erkennen und zu leben.

Auch die neuere Philosophie wirbt für einen multidimensionalen Persönlichkeitsansatz, der uns auf der Suche und in der Umsetzung der Berufung immer wieder begegnen wird. Die verschiedenen »Selbste« innerhalb einer Person, so der Philosoph Wilhelm Schmid, können im besten Falle eine Kohärenz erreichen, aber keine Einheit im Sinne der antik-mittelalterlichen Eindimensionalität. Diese Eindimensionalität war schon vor Jahrtausenden lediglich ein Konstrukt. Die Visionen, Wunder und äußeren Stimmen, die Mystiker und Gläubige zu vernehmen meinten, können ebenso gut »Wortmeldungen« eigener Persönlichkeitsanteile gewesen sein. Wenn wir davon sprechen, dass wir »tief drinnen« spüren, was wir wirklich mit unserem Leben machen wollen, dann ist das eine innere Stimme, die, bisher oder immer noch, von anderen überlagert wird. Anderen Stimmen, die andere Absichten für uns hegen. Diese Stimmen bzw. Persönlichkeitsanteile haben eine eigene Vorstellung davon, wer wir sind oder wer wir sein sollten. Sie wollen für Stabilität, Sicherheit und Verlässlichkeit sorgen. Sie machen sich bemerkbar als innerer »Kritiker« und »Zensor«. Sie sind die Hüter der »alten Traditionen« unseres Lebens.[38] Wenn man so will, die Hüter des fremden Drehbuchs, nach dem wir bisher gelebt haben.

Auch wenn in uns viele Stimmen miteinander streiten, gibt es also Hoffnung, dass wir nicht in einem inneren Stimmenchaos untergehen. Folgen wir dem Gedanken von Wilhelm Schmid und gehen davon aus, dass es möglich ist, unter all diesen Stimmen wenigstens eine Kohärenz herzustellen, die uns davor bewahrt, zur »multiplen Persönlichkeit« zu werden, dann muss es etwas geben, das die Fäden zusammenhält. Und dieser gestaltende und ordnende Persönlichkeitsanteil, der die Stimmen gegeneinander abwägt und den roten Faden unseres Selbst spinnt, ist es, der darüber entscheidet, was unsere Berufung ist. Es ist genau diese »ordnende Hand« oder die Stimme des so genannten »höheren Selbst«, die die Unruhe einer Lebenskrise wahrnimmt, wenn nicht sogar produziert, indem sie Anteile »laufen« lässt, die sie vorher zurückgehalten hat. Wenn sie verantwortlich handelt, wird sie die tiefen Lebensfragen so lange zurückhalten, bis es uns möglich ist, Konsequenzen aus den Antworten in die Tat umzusetzen. Dann können wir unsere Berufung suchen und finden.

Loslassen

Wir bewegen uns jetzt weg von der hektischen Aktionswelt. Es geht nicht mehr darum, möglichst schnell von A nach B zu kommen, sondern die nötigen Kreisläufe entstehen zu lassen, die die wirklich guten und wahren Ideen hervorbringen. Wir haben gesehen: Absichtslose, entspannte Aufmerksamkeit, das Ziel vieler spiritueller Praktiken, ist der beste Resonanzboden für die höhere innere Stimme. Wolfgang Amadeus Mozart hatte wunderbare Ideen, wenn er allein in einer Kutsche reiste und etwas Gutes gegessen hatte oder wenn er nachts nicht schlafen konnte. Er sagte ausdrücklich, er wisse nicht, woher die Ideen kämen und er könne sie auch nicht erzwingen. Das bestätigt uns wieder: Weder rastlos suchen noch ohne Unterlass in Frage stellen bringt uns dem Finden näher, sondern das Loslassen. Menschen, die sich in der kreativen Inkubationsphase befinden, also im Zustand, bevor die Inspiration kommt, wirken geistig abwesend. Brahms sagte von sich, er sei in einem Zustand der »Halbtrance«, wenn er die besten Kompositionen schrieb. Die Schriftstellerin George Sand war tagelang in tiefen Trance-Zuständen und dämmerte vor sich hin, während sich in ihrem Unterbewusstsein die Charaktere und Handlungen ihrer Romane entwickelten. Tatenlosigkeit, dösen, sich treiben lassen. Wie fremd sind unserer Kultur diese Zustände. Jeder von uns wird sie in der einen oder anderen Art kennen – wer aber bewertet sie ganz ohne Gewissensbisse rein positiv? Immer wieder leuchtet es auf, das Bild von der Mühe und der Arbeit, die unser Leben angeblich adeln. Wer sieht denn schon in Ruhe und Entspannung die Bedingung für wirklich große Ideen? Erinnern, genießen, wünschen und dann erst einmal von allem Suchen ablassen, das ist das Geheimnis des Findens. Nicht zielorientiert Visionen aufbauen, wie es in zahlreichen »Erfolgsbüchern« steht, sondern eine bewusste Entschleunigung, ein Ablassen vom Wollen und ein Sichöffnen für die ureigene innere Welt. Diese bewusste Inaktivität fühlt sich ungewohnt an, gerade wenn man gewohnt ist, zielorientiert und kontrolliert zu denken und zu handeln. Kann man trotzdem etwas fürs Loslassen tun?

Künstler wissen, dass leichte mechanische Tätigkeiten das Unbewusste beflügeln und den rationalen Geist in den richtigen Schranken halten können. Es gibt Schriftsteller, die in der Inkubationsphase, wenn die Recherchen abgeschlossen sind und Platz für die Ideen geschaffen wird, den Fußboden schrubben oder ihr gesamtes Schuhwerk putzen. Andere spazieren stundenlang auf ihren Lieblingswegen, reiten, schwimmen oder besteigen Berge, um vordergründig mit ihrer Körpermechanik zu arbeiten und hintergründig ihrer Phantasie freien Lauf zu lassen. Dabei bestärken sie immer wieder das Vertrauen, dass die Inspiration kommen wird. Früher oder später. Sie lässt sich nicht erzwingen. Wir befinden uns da mit Leuten wie Mozart, Brahms oder Einstein in bester Gesellschaft. Manche berichten davon, dass bestimmte Musik inspirierte Gedankenketten auslöst. Reisende erzählen von der wohltuenden Anregung einer Bus- oder Zugfahrt. Lektüre kann zu wahren Inspirationsfluten führen. Manchmal sind es ganz bestimmte Bücher, die ganze Generationen »berufen« haben. Für Leo Tolstoi und Heinrich von Kleist war es zum Beispiel die Lektüre von Rousseaus »Emile«, die ihnen zu fast übersinnlichen Einsichten verhalf. Johannes Brahms sinnierte über seine Lieblingsdichter Goethe, Milton und Tennyson, die seine Phantasie anregten. Über die Wunder eines guten Glases Wein wurden ganze Bücherregale voll geschrieben.

Einig sind sich viele Künstler, dass Einsamkeit ein guter Trick ist, das scheue Kätzchen Inspiration anzulocken. Giacomo Puccini beispielsweise hatte sich in die Einöde zurückgezogen, um genug Ruhe zu haben. Er war gerade dabei, Melodien für seine Oper Madame Butterfly zu schreiben, als ein Pfarrer anklopfte und mit ihm ein geistliches Gespräch führen wollte. Gestört in seiner Einsamkeit, hat Puccini dem Pfarrer angedroht, vom Katholizismus zum Protestantismus überzutreten, wenn dieser nicht sofort verschwände. Eine ungeheuerliche Drohung im tiefkatholischen Italien. Von seiner Frau, die Puccini in die abenteuerlichen Katen in der Einöde folgte, ist der Ausspruch überliefert: »Giacomo schenkt der Tosca das Leben, aber mich bringt er um.«

Nicht nur Künstler, auch Religionsgründer und Heilige setzten auf die Macht der Einsamkeit. Jesus verbrachte vierzig Tage in der Wüste, bevor er zurückkehrte und den Menschen predigte. Mohammed zog sich einmal im Jahr im Fastenmonat Ramadan in die Höhle von Hira zurück. Die heilige Katharina von Siena verbrachte drei Jahre in völliger Abgeschiedenheit in einem kleinen Zimmer, bevor sie ein Leben als Lehrerin und Predigerin aufnahm. Die hinduistischen und buddhistischen Meister gehen in die Einsamkeit und meditieren. Selbst aus der erzwungenen Einsamkeit schaffen es Menschen, persönlichen Gewinn zu ziehen. Arthur Koestler sprach trotz aller Leiden in seiner Gefangenschaft von »einem Gefühl innerer Freiheit, einem Gefühl, allein zu sein und sich letzten Wahrheiten gegenüberzusehen statt einem Kontoauszug«.[39] Fest steht: Längere Phasen des Alleinseins bringen die inneren Stimmen auf Hochtouren. Selbstverständlich vor allem dann, wenn wir nicht den Fernseher einschalten oder uns sonst wie durch Informationsberieselung ablenken. Schriftsteller empfehlen, während der Inkubation zumindest in die »innere Emigration« zu gehen, sich seinen Umgang ganz bewusst auszuwählen und ansonsten zurückhaltend im Aufnehmen fremder Gedanken zu sein.

Muss man denn unbedingt einsam sein? Nein, nicht notwendigerweise. Für manche Menschen ist Einsamkeit eine Bürde, die eher zu Depression und Problemorientierung als zur Inspiration führt. Viele Schriftsteller schrieben und schreiben in Cafés, um das Bewusstsein zu unterhalten und gleichzeitig mit ihrer Phantasie spazieren zu gehen. Simone de Beauvoir und Jean-Paul Sartre saßen in den Pariser Cafés *Fleur* oder *Aux deux Magots* und schrieben. Mozart und Schubert komponierten zum Teil mitten unter Menschen auf Feiern und Empfängen. Mozart brauchte manchmal sogar die Anwesenheit anderer, um inspiriert zu werden. Er ließ sich Geschichten vorlesen, während er seine musikalischen Eingebungen fließen ließ. Wie können wir uns das erklären? Psychologen vermuten, dass wir in Momenten, in denen wir trotz oder gerade wegen der Anwesenheit anderer Menschen kreativ sind, die Ur-Neugierde spielen lassen, die wir erlebten, als wir als Säuglinge in Anwesenheit der Mutter unsere ersten, gut behüteten Erkundungsgänge gemeistert haben.[40]

Manchmal können es ganz bestimmte Menschen sein, deren Gegenwart ungeheuer anregend wirkt.

Schön ist die Geschichte des Kunsttheoretikers Wilhelm Worringer aus den ersten Jahrzehnten des vergangenen Jahrhunderts. Er hatte durch die bloße Anwesenheit eines großen Philosophen »Eingebungen«, die ihn berühmt machen sollten. Worringer war ein junger Kunsthistoriker auf der Suche nach einem guten Dissertationsthema und hatte schon beinahe aufgegeben. Eines Tages war er zu Studienzwecken im Pariser *Trocadero*-Museum und versenkte sich eher gelangweilt als inspiriert in die Faltenwürfe irgendeiner antiken Plastik, als ein Mann den Raum betrat, den er kannte: der berühmte Philosoph Georg Simmel, bei dem Worringer bereits Vorlesungen gehört hatte. Die Anwesenheit dieses großen Mannes und seines Begleiters wirkte so inspirierend auf den jungen Kunsthistoriker, dass er noch über eine Stunde nach deren Weggang höchst angeregt durch das Museum streifte. Mit der Plötzlichkeit einer typischen Inspiration kam ein Gedankenstrom über ihn, in dem sich sein zukünftiges Dissertationsthema bis in die Einzelheiten in ihm aufbaute. »Abstraktion und Einfühlung« wurde eines der wichtigsten kunsttheoretischen Werke des 20. Jahrhunderts und stand über Jahrzehnte im Mittelpunkt wissenschaftlicher Debatten.

Langeweile aushalten, Einsamkeit suchen, nichts tun, sich in Cafés herumtreiben – das sind Fähigkeiten, die in den wenigsten Schulen und Berufsberatungen gelehrt werden. Trotzdem bin ich davon überzeugt, dass es keine besseren Strategien gibt, als sich nach einer bewussten Sammlungs- und Sichtungsphase dieser wichtigen Inkubationszeit zu überlassen. Von den Erfahrungen und Erkenntnissen einer solchen Zeit lässt sich oft über Monate und Jahre zehren. Das Einzige, was wir selbst tun müssen, ist, uns den Freiraum zu gönnen, solche Erfahrungen zu machen. Das ist bei der Suche nach der Berufung oft ein erster Umsetzungsschritt: die Bedingungen für Intuition und Inspiration schaffen. Mit einem Vierzehn-Stunden-Arbeitstag ist das nicht zu machen. »Zeit abzwacken« ist der erste Schritt in die richtige Richtung.[41] Manchmal melden sich schüchtern innere Stimmen, die man vielleicht schon lange kennt. Sie kommen ganz leise daher, nicht unbedingt mit dem großen Paukenschlag der Inspiration. Diese Stimmen sind Hinweise auf das, worauf ein Teil von uns neugierig ist. Eine Information, die sich erst durch die Erfahrung zu einer Erkenntnis verdichten kann. Dann heißt es: ausprobieren. Beinahe alle, mit denen ich über ihre Berufung gesprochen habe, gaben dies als Rat an andere Suchende weiter: Ausprobieren, einfach anfangen, neue Erfahrungen sammeln!

Und woran erkennt man, dass sie da ist, die Inspiration? Für die meisten ist sie ein Moment großer Klarheit und Eindeutigkeit, der sich mitten in einer entspannten und tranceartigen Situation plötzlich eröffnet. Oft sind es starke Bilder oder Töne, die sich zu den Gedanken mischen. Eine Art von Synästhesie, einem Zusammenspiel verschiedener Sinneseindrücke zu einem inneren Erlebnis. Mozart meinte zu seinen Inspirationen: »Es geht bei mir zu wie in einem schönen, starken Traume.« Richard Wagner soll plötzlich die Vision gehabt haben, das Bett, in dem er gerade lag, versinke in Wasserfluten, als er die Idee zu einer der berühmtesten Melodien der Oper »Rheingold« hatte.[42] Die Feinheiten kamen dazu, als er das Wasser »sah« und »fühlte«, wie es über ihn hinwegrauschte. Gefühle, Bilder, Töne – all das mischt sich mit einem klaren Gedanken. Bewusstsein und Unterbewusstsein scheinen Hand in Hand zu arbeiten und immer wieder zu bestätigen, dass es richtig ist. Das innere Wissen teilt sich also wie eine Eingebung mit – plötzlich und deutlich. Vor dem Kamin, am Meer, im Bett, beim Spaziergang – überall kann uns der entscheidende Moment »ereilen«, in dem einem das Unbewusste bewusst wird und stimmiges Material vom Grund unserer Seele aufsteigt. Geht man den Prozess der inneren Entdeckungsreise rückwärts, dann ist es genau das, was man bereits früh erinnert, genau das, was man schon jetzt genießt, und genau das, was man sich für sein Leben wünscht.

So ging es auch mir, als ich mich in jener Weihnachtsnacht in Wien um vier Uhr morgens in einer inneren Vision im Frühling wähnte, in einer schönen fremden Wohnung, in der ich bei offenem Fenster an einem alten Tisch sitze und schreibe. Friederike, die heute als Kulturjournalistin arbeitet, saß im abgedunkelten Vorführraum eines Kinos, als sie die Vision hatte, dass Filme gucken und darüber schreiben ihre Berufung sei. Die Teile passen ineinander wie in einem magischen Puzzle – was vorher scheinbar unverbunden für sich stand, ergibt in der Verbindung Sinn. Bewusstes und Unbewusstes haben sich zusammengetan. Es entsteht eine völlig neue Qualität von Erkenntnis – mit Herz und Verstand.

Es ist da

Wann weiß man, dass es wirklich die Berufung ist? Die Antwort ist: Man weiß es einfach. Nicht, dass ein wenig später nicht Fragen aufkommen würden, aber ganz tief drinnen weiß man es einfach. In einer Zeit, in der wir an Fakten, Fakten und Fakten gewöhnt sind, sicherlich keine bequeme Antwort. Aber die Aufrichtigkeit verlangt sie nun einmal: Man weiß es einfach, wenn es das Richtige ist. Wie es sich anfühlt? Einzigartig. Es ist ein untrügliches Gefühl, gepaart mit tiefem Wissen. Die meisten Menschen, die ihre Berufung gefunden haben, lokalisieren ein Wohlgefühl im Bauch, dazu eine angenehme Kühle auf der Stirn. »Tief drinnen« ist die Dimension, von der viele sprachen, die ich danach gefragt habe. Neben dem kognitiven Wissen gibt es also eine körperliche, gefühlte Ebene, wenn es die Berufung ist, die man gefunden hat. Gleichzeitig reihen sich auf rationaler Ebene die »Beweise« wie eine Kette von Dominosteinen aneinander. Zum Teil kommen jetzt Erinnerungen hoch, die man bewusst noch gar nicht zu Tage fördern konnte. Meist Erinnerungen an die frühe Begegnung mit dem Thema der eigenen Berufung. Ich selbst erinnerte mich nach jener Nacht in Wien plötzlich an eine Sequenz aus einem Super-Acht-Film, den mein Vater gedreht hatte, als ich vier oder fünf Jahre alt war. Ich sitze an einer überdimensionalen Schreibmaschine völlig versunken im Spiel und tippe und tippe, dazwischen schaue ich aus dem Fenster, hänge meinen Gedanken nach. Genauso wie ich es heute mache, während ich an einem Buch schreibe. Ich habe mir den Super-Acht-Film sofort angesehen, nachdem die Erinnerung in mir aufgestiegen war, und war überrascht, dass ich sie so lange vergessen hatte. Denn bewusste Erinnerungen an das Schreiben hatte ich erst ab dem Alter von ungefähr vierzehn Jahren.

James Hillman berichtet in seinem Buch »Charakter und Bestimmung« von dem »Berufungserlebnis« des englischen Philosophen Robin George Collingwood (1899–1943). Er war noch ein Kind, als er es erlebte, aber es beschreibt hervorragend, welche Art von Verwirrung und Klarheit sich zu einem »höheren« oder – mit den Worten der meisten Befragten – »tieferen« Wissen verbinden:

»Mein Vater besaß zahlreiche Bücher, und ... eines Tages, als ich acht Jahre alt war, brachte mich die Neugier dazu, ein kleines, schwarzes Buch in die Hand zu nehmen, auf dessen Rücken es hieß ›Kants Ethik‹. [...] als ich begann, es zu lesen, mein kleiner Körper eingeklemmt zwischen dem Regal und dem Tisch, überkam mich eine merkwürdige Folge von Gefühlen. Zunächst kam eine intensive Erregung. Ich hatte das Gefühl, dass hier Dinge höchster Wichtigkeit über Angelegenheiten größter Dringlichkeit gesagt wurden: über Dinge, die ich um jeden Preis verstehen musste. Dann, mit einer Welle der Entrüstung, kam die Entdeckung, dass ich sie nicht verstehen konnte. Erbärmlich, zuzugeben, aber hier war ein Buch, dessen Wörter in englischer Sprache und dessen Sätze grammatisch richtig waren, aber dessen Sinn mir ein Rätsel war. Schließlich, drittens und letztens, kam von allen das merkwürdigste Gefühl. Ich spürte, dass der Inhalt des Buches, obwohl ich es nicht verstehen konnte, mich irgendwie betraf: meine persönliche Angelegenheit oder vielmehr die eines zukünftigen Selbst war. [...] es war keine Sehnsucht darin; es ging mir nicht, in irgendeinem normalen Sinn des Wortes, darum, die Kant'sche Ethik meistern zu ›wollen‹, sobald ich alt genug dazu war; doch es kam mir so vor, als ob ein Schleier fortgenommen und mein Schicksal enthüllt worden wäre. Danach kam ein immer stärker werdendes Gefühl über mich, dass ich die Bürde einer Aufgabe zu tragen hatte, deren Wesen ich nicht zu definieren vermochte, außer indem ich sagte, ›Ich muss denken‹. Worüber ich nachdenken sollte, wusste ich nicht; und wenn ich es, diesem Befehl Folge leistend, tat, wurde ich still und geistesabwesend.«[43]

C. G. Jung war als junger Mann lange auf der Suche nach dem richtigen Beruf. Nach einigem Kopfzerbrechen studierte er Medizin, wusste aber nicht, worauf er sich spezialisieren sollte. Obwohl Jung bereits einige Erfahrungen mit der Psychiatrie gemacht hatte, hatte ihm der Bereich bisher nichts als »Langeweile und Überdruss« gebracht. Eines Tages raffte er sich auf, ein Lehrbuch der Psychiatrie aufzuschlagen. Er las die Vorrede, als er auf den Begriff »Krankheit der Person« stieß. Unmittelbar darauf folgte die inspirative Erkenntnis: »Da befiel mich plötzlich ein heftiges Herzklopfen«, schreibt Jung in seinen autobiographischen Erinnerungen, »ich musste aufstehen und Atem schöpfen. Ich fühlte mich in stärkster Erregung, denn es war mir wie durch eine blitzartige Erleuchtung klar geworden, dass es für mich kein anderes Ziel geben konnte als die Psychiatrie. Hier allein konnten die beiden Ströme meines Interesses zusammenfließen und durch ein vereintes Gefälle sich ihr Bett graben.«[44] Jung wurde einer der einflussreichsten und kreativsten Psychologen des 20. Jahrhunderts.

Was passiert noch, wenn »es« da ist? Zeitebenen verschieben sich. Man kann sich nicht mehr vorstellen, diese Sache, die die eigene Berufung ist, eines Tages nicht mehr zu machen. Statt die Jahre zu zählen, bis man endlich aufhören kann mit dem »Job«, beginnt man die Jahre innerlich auszuspannen, länger zu machen, um mehr Zeit zu haben für die geliebte Tätigkeit. In Rente gehen? Das ist jetzt ganz unerheblich. Was zählt, ist, dass die Kräfte möglichst lange reichen, um die Berufung zu leben. Gerhart Hauptmann und Hermann Hesse schrieben bis in ihre hohen 80er, und Konrad Adenauer war bereits ein alter Mann, als er zum ersten Bundeskanzler der Republik gewählt wurde. Abgesehen davon, dass man seine Berufung möglichst lange ausleben will, gibt es das ganz neue Gefühl, alle Zeit der Welt zu haben. Die Spannung des Suchens hat aufgehört. Ein neues Lebensgefühl ist da. Neu ist auch das paradoxe Empfinden, dass jeder Tag unendlich lang und gleichzeitig ausgefüllt und voller Tempo ist. Es ist, als ob sich Innenwelt und Außenwelt zusammengetan hätten und nicht mehr wie bisher gegeneinander arbeiteten. Man hat wieder festen Boden unter den Füßen. Die Orientierung ist wieder da. Und mit ihr neue Kraft. Der Schwung dieser neu gewonnenen Energien bringt das eigene Denken in Höchstform. Es bewegt sich von einer Problem- hin zu einer Lösungsorientierung. Plötzlich weiß man, wie man seine Berufung umsetzen kann. Hindernisse scheinen weniger hoch, als man früher angenommen hatte. Das ist es, was Hermann Hesse mit dem berühmten »Zauber« meinte, der jedem Anfang innewohne. Es ist ein wenig wie verliebt sein. Nichts scheint unmöglich, die Welt ist voller Chancen und man hat den Eindruck, dass sie geduldig auf einen gewartet hat. Jetzt kann es losgehen, das »wahre« Leben.

ANFANGEN

Meine Mutter am Pool, eine Frau Mitte dreißig im Liegestuhl. Sie lacht zu mir herüber. Sie trägt die Haare wie Mireille Matthieu, kastanienrot, dazu eine überdimensionale Sonnenbrille. Ihre schönen großen Zähne strahlen im Sonnenlicht. Neben mir mein Vater, braun gebrannt, schwarzhaarig. Er läuft am Beckenrand neben mir her und klatscht in die Hände: »Und Zug, und Zug!« Zum ersten Mal in meinem Leben paddle ich ohne Schwimmflügel durch den Pool. »Hey, du kannst schwimmen!«, ruft mir mein Bruder zu. Er ist kaum zehn. Ich kämpfe mich vor bis zum Beckenrand und ringe nach Luft. Ich schaue hinauf in das stolze Gesicht meines Vaters. Über uns der stahlblaue Sommerhimmel. Hinter dem Hotel dunkelgrün und mächtig die Muthspitze über Meran.

Das war im Sommer 1977. Ich war aufgeregt, freute mich über jeden neuen Tag, hatte den Eindruck, etwas ganz Großes entdeckt zu haben. Etwas, das mir niemand mehr nehmen kann. Wer einmal schwimmen kann, verlernt es nicht mehr. Die Vorfreude auf den nächsten Tag kannte keine Grenzen. Während ich als Erwachsene oft den Schlaf herbeigesehnt habe, um die Mühen des Tages zu vergessen, wollte ich damals nicht ins Bett gehen, weil mich die finsteren Stunden vom Leben abhielten. Und so ist es auch jetzt wieder. Wenn man seine Berufung gefunden hat, ist das Denken klar, rein und eindeutig. Man will nicht mehr, was man wollen soll, sondern das, was man wirklich will.

Seine Berufung gefunden zu haben ist mehr als ein Ziel. Es ist eine Gewissheit. Und das wiederum ist die optimale Voraussetzung, ein Ziel zu erreichen. Wenn man um diese psychologischen Hintergründe weiß, ist es plötzlich kein Geheimnis mehr, warum Menschen, die ihre Berufung gefunden haben, oft so erfolgreich sind. Sie verfügen über einen mentalen Motor, der eine echte Vision vor dem Hintergrund des wechselvollen Lebens bietet. Eine Vision, die mehr ist als ein Wunsch: eine Gewissheit.

Viele berichten davon, dass sich Türen wie von magischer Hand öffnen, wenn sie ihre Berufung gefunden haben. Widerstände, die man erwartet hat, lösen sich in nichts auf. Plötzlich begegnet man Menschen, die weiterhelfen. Chancen bieten sich an, von denen man nicht einmal zu träumen gewagt hat. Alles scheint so einfach zu sein und sich wie Stück um Stück in ein Puzzle zu fügen. Man entscheidet sich, ein Buch zu schreiben, und ein alter Studienkollege begegnet einem nach fast zehn Jahren wieder – als Programmchef eines guten Verlages. Ein entfernter Bekannter ruft an und hat an einen gedacht, als es um die Vergabe eines Auftrages ging. Wenn man sich wirklich entschieden hat, meint man, die Umwelt arbeite für und nicht gegen einen. In der chinesischen Lehre des Qi Gong glaubt man daran, die Energien der Welt aufnehmen und für sich nutzen zu können. Wenn man seine Berufung gefunden hat, scheint man einen Magneten für die guten Energien zu besitzen. Mysteriöse Vorgänge? Nicht mehr und nicht weniger als in jedem kreativen Prozess. Die Energie fließt dahin, wo die Aufmerksamkeit hinfließt. Und wo Energie ist, bewegen sich die Dinge. Eigentlich dürfte jetzt nichts mehr schief gehen. Aber dennoch hält das Leben viele Herausforderungen bereit. Zunächst geht es darum, die erste Idee der Berufung alltagstauglich zu machen. Denn wir wissen: Seine Berufung zu finden ist eine Kunst. Wie jeder kreative Prozess folgt sie ganz bestimmten Phasen. Nach einer genauen Beschäftigung mit dem Thema folgt die Phase der Inkubation, dann kommt die Inspiration. Die Idee wird geboren. Dann geht es darum, sie auszuwerten und so auszufeilen, dass sie in die Realität passt. Das ist die Phase des Gestaltens, der Planung und der Umsetzung.

Trial and Error

Manchmal ist die Idee, die wir aus unserem Unterbewussten geschöpft haben, zunächst ein vager Satz, der sich zwar gut und stimmig anhört, aber erst mit Leben gefüllt werden muss.

Anne-Christin wollte ihre seit ihrer Kindheit vorhandene Stärke umsetzen, Menschen zuzuhören und ihnen dabei zu helfen, persönliche Probleme zu lösen. Doch zuerst wusste sie nicht, wie das praktisch aussehen könnte. Die für sie nahe liegende Perspektive war, Psychologie zu studieren und später als Therapeutin zu arbeiten. Sie schrieb sich mit Ende zwanzig an einer Universität ein und begann voller Neugierde und Freude auf ihr künftiges Berufsleben mit den Vorlesungen. Es dauerte nicht lange, bis sie merkte, dass das Studium der Psychologie nicht das war, was sie sich vorgestellt hatte. Statistik, mathematische Spekulationen, langatmige Theorien, wenig Praxis. Ihr Wunsch, Menschen direkt zu helfen, schien um Jahre in die Ferne gerückt zu sein. Da erinnerte sich Anne an das Berufsbild des Coaches, von dem sie schon einiges gehört hatte. Bisher war sie aber so sehr auf das Studium der Psychologie konzentriert gewesen, dass sie diese berufliche Alternative nicht weiter wahrgenommen hatte. Sie beschaffte sich Informationen und merkte bald, dass Coaching viel besser zu ihren Vorstellungen passte als Psychologie. Anne-Christin brach nach kurzer Zeit das Studium ab und absolvierte mehrere hoch spezialisierte Coaching-Ausbildungen, die ihr die Möglichkeit gaben, bereits nach kurzer Zeit Kunden kompetent zu beraten. Heute weiß sie, dass das der richtige Weg war. Ohne den Umweg der Psychologie hätte sie ihn aber nicht gefunden.

Da hilft also nur ausprobieren. Das ist übrigens der Rat, den alle gaben, die ihre Berufung schon gefunden haben. »Trial and error«, Versuch und Irrtum, gehören zum Anfangen. Ich weiß nicht, wie oft ich vor dem denkwürdigen Sommer in Südtirol hilf- und hoffnungslos vor mich hingerudert bin, bis ich den magischen ersten Schwimmzug getan habe. Aber die Begeisterung und der unbedingte Wille, es können zu wollen, haben mich »dranbleiben« lassen. Und was noch dazugehört wie damals beim Schwimmenlernen? Ab und zu heulen. Ich kenne niemanden, der auf Anhieb riesigen Erfolg hatte und bei dem alles vom ersten Tag an gelungen wäre. Am Anfang sind wir wie kleine, zarte Pflänzchen. Auch wenn unsere Wurzeln tief in die Vergangenheit hineinreichen, ist es für uns ganz neu und ungewohnt, uns in die Sonne über dem Boden zu recken. Das eine oder andere Mal mag der Regen ausbleiben. Vielleicht trampelt uns sogar irgendetwas nieder oder frisst an den zarten Trieben. Aber eines gilt nicht: aufgeben. Denn die

Erfahrung zeigt: Das Pflänzchen richtet sich wieder auf, auf Sonne kommt auch wieder Regen, und jeden Tag wird die Pflanze stärker!

Mit Versuch und Irrtum zu experimentieren, kann manche schöne Überraschung mit sich bringen.

Für den Schriftsteller E. T. A. Hoffmann stellte sich im Laufe seines Lebens heraus, dass er weit mehr als nur eine Berufung hatte.[45] 1776 in Königsberg geboren, sollte er nach dem Willen seiner Eltern ein anständiger Jurist werden. Seine eigentliche Liebe galt aber der Musik. Nebenbei malte und zeichnete er für sein Leben gern und hatte Freude am Verfassen kleiner Texte. Auf Wunsch seiner Familie rang er sich dazu durch, trotz seiner künstlerischen Neigungen in der polnischen Provinz als Jurist zu arbeiten. Nach vielen Leidensjahren, in denen er sich psychisch und moralisch mit Hausmusik über Wasser hielt, begann er, selbst komponierte Stücke als Bewerbung um Kapellmeisterstellen in Deutschland zu verschicken. Tatsächlich erhielt er eine Stelle an einem Theater und konnte seine erste Liebe, die Musik, zum Beruf machen. Kaum im Traumberuf, setzte er sich selbst unter massiven Erfolgsdruck, verglich sich mit Komponisten wie Mozart oder Beethoven und litt Höllenqualen wegen der eher mäßigen Aufnahme seiner Musikstücke. Da begann er, nebenbei Geschichten zu schreiben, in denen er seine ganz persönliche, geistreich-bizarre Sicht der Musikszene seiner Zeit beleuchtete. Und siehe da: Diese Geschichten wurden Riesenerfolge, die ihn ermutigten, mit dem Schreiben weiterzumachen.

Obwohl Hoffmann wieder in seinen Brotberuf als Jurist zurückkehrte, schrieb er zum Teil während der Gerichtsverhandlungen an seinen Geschichten weiter, die ihn jetzt berühmt machten. Hoffmanns Biograph Rüdiger Safranski vermutet, dass es die Leichtigkeit war, mit der er ans

Schreiben heranging, die seinen Erfolg und seine enorme Produktivität begründete. Diese Leichtigkeit besaß er deshalb, weil er seine eigentliche Berufung ursprünglich in der Musik gesehen hatte und als Literat weniger von sich erwartete.

Versuch und Irrtum lohnen sich also, wenn sie auch herbe Enttäuschungen mit sich bringen können und man oft einen langen Atem braucht. Stefanie hatte ein BWL-Studium an einer renommierten Universität abgeschlossen und war bei einer der ganz großen Top-Unternehmensberatungen untergekommen. Trotz des äußerlichen Glückes litt sie unter dem Leistungs- und Erfolgsdruck, den Nachtschichten und dem auf Äußerlichkeiten ausgelegten Lebensstil ihres Milieus. Innerlich fühlte sie sich zur Kunst hingezogen und träumte davon, Comics zu zeichnen. Sie entwickelte ein Bild von einem Leben als Comiczeichnerin, in dem alles anders und viel schöner war als in ihrem harten Karrierealltag. Eines Tages beschloss sie, einen Zeichenkurs an der Volkshochschule zu belegen, um ihrem Traum ein Stück näher zu kommen. Sie malte sich aus, wie glücklich sie sein würde unter all den Gleichgesinnten. Was sie erwartete, war ein Schock. Ungepflegte, rüpelhafte Jugendliche, ein völlig verwilderter Zeichenlehrer, Chaos und das Gefühl, in einer Klasse für Problemschüler gelandet zu sein. In ihrer disziplinierten, leistungsorientierten Art und ihren schicken Klamotten wirkte sie inmitten der Jungkünstler wie ein Fremdkörper. Und so fühlte sie sich auch. Statt Freude und »Ankommen« erlebte sie Schmerz und Frustration. Noch schlimmer war, dass sie von der ersten Stunde an damit konfrontiert wurde, eine Sache nicht zu beherrschen, völlig am Anfang zu stehen. Ein sechzehnjähriger Junge war der Star der Klasse und Stefanies Zeichenfähigkeiten um Lichtjahre voraus. Wir können uns vorstellen, wie die Geschichte endete: Innerhalb einer Nacht begrub Stefanie ihre Träume von einem anderen Leben als Comiczeichnerin. Sie ging zurück in ihr altes Leben, zuerst erleichtert, wieder in der bekannten Welt zu sein, nur um nach wenigen Wochen den gleichen Frust zu erleben wie vorher. Stefanie ist nicht die Einzige, die ihre Berufung auf diese Weise erst einmal wieder ad acta gelegt hat. Ich würde sogar behaupten, dass eine Mehrzahl der Berufungssucher solche Erlebnisse kennt. Im schlimmsten Falle werfen sie einen um Jahre zurück. Es sei denn, man atmet erst einmal tief durch und analysiert sie ganz nüchtern.

Brauchen wir die ganzen Bedenken überhaupt, wird sich der eine oder andere jetzt vielleicht fragen? Müsste die eigene positive Energie nicht reichen? Die Erfahrung sagt: Leider brauchen wir die Bedenken. Und wenn wir sie uns nicht selbst machen, werden sie uns von außen angetragen. Seine Berufung umzusetzen bedeutet ja nicht weniger, als sein Leben zu verändern. Wenn es stimmt, dass wir »Gruppentiere« sind und »Herden« brauchen, um zu überleben, dann machen wir jetzt etwas Riskantes: Wir wechseln die Herde. Wir gehen in ein völlig neues Umfeld, treffen neue Menschen, müssen ganz neue Fähigkeiten unter Beweis stellen und das alles mit unseren Werten und Bedürfnissen in Einklang bringen. Geld verdienen, Familie versorgen, Miete bezahlen – unsere Umwelt ist noch so eingerichtet, wie es für unser altes Leben gepasst hat. Betrachten wir unsere sozialen Beziehungen als ein System, so nehmen wir Teile des alten Systems mit in unser neues Leben. In der neuen Umgebung wird es in einem anderen Licht erscheinen. Und was uns anders vorkommt, damit gehen wir auch anders um. Veränderungen, die von den Menschen, die diesen Systemwechsel mitmachen, nicht immer begrüßt werden. Doch es wird nicht alles neu.

Wir fangen, wie man sagt, ein neues Leben an, und trotzdem nehmen wir unser altes ein Stück weit mit. Wir werden sogar immer bis zu einem gewissen Grad behalten, was bisher war. Es ist das vorhandene »Material« unseres Lebens. Wir bleiben die Kinder unserer Eltern oder Eltern unserer Kinder, wir behalten unseren Körper, unsere Erinnerungen, unsere Erfahrungen. Wir nehmen uns selbst mit, wenn wir an einen neuen Ort gehen. Natürlich haben wir die Möglichkeit, Dinge hinter uns zu lassen oder sie in einem neuen Licht zu sehen. Wir können Eigenschaften fördern und andere in den Hintergrund treten lassen, wir können wählen, welche Werte wir in unserem Leben umsetzen wollen und welche nicht. Wir können neue Fähigkeiten erlernen und unsere Pläne machen. Aber der komplette Wechsel von einer Persönlichkeit in eine andere ist eine Illusion. Wir müssen mit dem Material, das uns zur Verfügung steht, arbeiten. Tun wir das nicht, könnte es böse Überraschungen geben. Sehen wir uns dazu einmal das Leben Heinrich von Kleists an.

Kleist wurde 1777 als Sohn einer adeligen Offiziersfamilie in Frankfurt an der Oder geboren.[46] Die Eltern wussten genau, was einmal aus ihm werden sollte: ein Offizier oder ein Staatsbeamter. Da die Familie kein Landgut besaß, waren das die beiden standesgemäßen Alternativen. Heinrich kam zunächst gar nicht auf die Idee, diesen Erwartungen zu widersprechen. Er wuchs heran und trat, wie es üblich war, als Teenager in die preußische Armee ein. Es folgten Jahre harten Drills. Der empfindsame Kleist konnte sich mit einem solchen Leben nicht anfreunden. Er war unzufrieden und auf der Suche nach dem, was ihn wirklich glücklich machen könnte. Trotz seiner Unrast fielen ihm nur traditionelle Lebensmodelle ein. Eine Frau finden, eine Familie gründen, vielleicht doch noch Beamter werden. Aber all das wollte nicht klappen – heute nimmt man an, dass Kleist homosexuell war und traditionelle Modelle auch im Privatleben nicht zu ihm passten. Zum Entsetzen seiner Standesgenossen quittierte er den Dienst bei der Armee und begann mit einem Studium an der Universität in Frankfurt an der Oder. Studieren war damals etwas für bürgerliche Kreise und für einen Adeligen ein in vielen Augen unverzeihlicher sozialer Abstieg. Vielleicht lag es daran, dass Kleist das Studium nach wenigen Semestern hinwarf und sich bei der preußischen Finanzverwaltung versuchte. Aber auch da hielt er es nicht aus. Hin- und hergerissen zwischen den Ansprüchen seiner adeligen Herkunft und dem Wunsch, ein eigenes Leben zu leben, rieb er sich immer mehr auf. Eines Tages verließ er fluchtartig seine Heimat und begann in der Schweiz mit den ersten Arbeiten an seinen später weltberühmten Dramen.

Der Gegensatz zwischen den Forderungen der Herkunft und dem Verlangen nach persönlichem Lebensglück wurde ein immer wiederkehrendes Thema seiner Stücke. In seinem eigenen Leben schien ihm das Glück versagt zu sein. Viele Jahre versuchte er sich verzweifelt an seinem so genannten »Lebensplan« und hielt einen solchen für die Voraussetzung eines gelungenen Lebens. Zwölf Jahre vor seinem Selbstmord am Wannsee schrieb er an seine Stiefschwester Ulrike: »So lange ein Mensch noch nicht im Stande ist, sich selbst einen Lebensplan zu bilden, so lange ist und bleibt er unmündig, er stehe nun als Kind unter der Vormundschaft seiner Eltern oder als Mann unter der Vormundschaft des Schicksals. Die erste Handlung der Selbständigkeit eines Menschen ist der Entwurf eines solchen

Lebensplans.« Kleist hatte durchaus einen Lebensplan, einen Plan, der jedoch diktiert war von den Erwartungen seiner Zeit und seiner Familie an einen Abkömmling seines Standes. Doch dieser unbewusst verfolgte Plan bedeutete für ihn nichts als Unglück. Die Jahre beim Militär, die er als ganz junger Mann absolvierte, betrachtete er als verlorene Zeit: »Wie nötig es ist, ihn so früh wie möglich zu bilden, davon hat mich der Verlust von sieben kostbaren Jahren, die ich dem Soldatenstande widmete, von sieben unwiederbringlich verlorenen Jahren, die ich für meinen Lebensplan hätte verwenden gekonnt, wenn ich ihn früher zu bilden verstanden hätte, überzeugt.« Der Lebensplan sollte also etwas sein, was er sich selbst auszudenken hatte. Kleist erhoffte sich dadurch eine nach außen sichtbare gefestigte Persönlichkeit: »Ein schönes Kennzeichen eines solchen Menschen, der nach sicheren Prinzipien handelt, ist Konsequenz, Zusammenhang und Einheit in seinem Betragen. Das hohe Ziel, dem er entgegenstrebt, ist das Mobil aller seiner Gedanken, Empfindungen und Handlungen. Alles, was er denkt, fühlt und will, hat Bezug auf dieses Ziel, alle Kräfte seiner Seele und seines Körpers streben nach diesem gemeinschaftlichen Ziele. Nie werden seine Worte seinen Handlungen, oder umgekehrt, widersprechen, für jede seiner Äußerungen wird er Gründe der Vernunft aufzuweisen haben. Wenn man nur sein Ziel kennt, so wird es nicht schwer sein, die Gründe seines Betragens zu erforschen.« [47]

Vielleicht meinte er doch so etwas wie eine Berufung. Der Fehler mag darin gelegen haben, dass er sie für einen »Plan« hielt, also eine Funktion seines rationalen Denkens. Und daran schloss er den weiteren Fehler an, zu glauben, dass so ein Plan automatisch zu innerer Kongruenz und äußerem Erfolg führe. Tatsächlich aber arbeiteten offensichtlich seine innere Stimme, die ihn eher zum Künstler machte, und seine in traditionellen Familienwerten verhaftete rationale Außen-Orientierung gegen- statt miteinander. Den schwärmerischen Worten und seinem tatsächlich geführten Leben sieht man die Spaltung an, die eintritt, wenn eine Berufung und ein stark von nicht reflektierten (Familien-)Werten bestimmtes Leben kollidieren. Kleist hatte sich nicht von der »Unmündigkeit« getrennt, die er durch einen Lebensplan hinter sich lassen wollte. In seinem eigenen Dasein konnte er sich nie von den verinnerlichten Erwartungen an seinen Stand als Adeliger befreien. Der faktisch unausweichliche Weg zur Literatur, in der er seine größte Begabung und Zufriedenheit fand, war unter diesem Blickwinkel bereits ein gesellschaftlicher Abstieg, den er sein Leben lang nicht verwinden konnte. Die Unmündigkeit war in ihm – in Gestalt fremder, verinnerlichter Werte aus seinem »alten« Leben, die er nicht in seinen »Lebensplan« zu integrieren vermochte. Als trotz vieler literarischer Erfolge zum wiederholten Male Geldschwierigkeiten ins Haus standen, setzte er seinem Leben am 21. November 1811 ein Ende.

Zum Glück wiegen gesellschaftliche Zwänge in unserer Zeit weniger schwer als zu Kleists Lebzeiten. Es fällt heute leichter, alte Werte, die man aus seiner Familie und seiner bisherigen Welt mitbringt, in das neue Leben mitzuführen. Wenn man sein altes Lebens-»Material« ernsthaft einbezieht und mit seinen Träumen vom Leben in Einklang bringt, werden einen viele Überraschungen erwarten. Vielleicht sehen wir, dass das Material unter anderen Umweltbedingungen ganz andere Eigenschaften zeigen wird. Vielleicht zeigen sich ganz besondere Qualitäten, die dieses Material vor allen anderen geeignet machen, die eigene Berufung zu gestalten. Wenn es gelingt, ist ein wichtiger Teil dessen gelungen, was

C. G. Jung den Prozess der *Individuation* genannt hat: Die Integration des Unbewussten und des Bewussten in einer Persönlichkeit, die man als stimmig und »wahr« empfindet.

Erinnern wir uns: Jung hielt die Individuation für einen Trieb, der den Menschen stärker bestimmt als die Sexualität, die Sigmund Freud für die eigentliche Triebfeder der persönlichen Entwicklung hielt. Er war aber auch der Meinung, dass dieser Prozess nie ganz abgeschlossen ist. Die Welt, die uns umgibt, sorgt immer wieder für Herausforderungen an das Selbst. Es wird sich neuen Problemen immer neu stellen müssen. Stillstand liegt ihm fern. Es ist in Bewegung wie die Welt selbst. Ein tröstlicher Gedanke, vor allem dann, wenn sich immer neue Probleme auftun. Jung meinte, sie gehörten zum Leben wie das Atmen und Essen. Wenn ein Mensch keine Probleme mehr habe, dann höre er auf zu leben. Seine eigene Berufung zu finden, scheint mir jedenfalls ein wesentlicher Motor des Individuationsprozesses zu sein. Eine Berufung schafft ganz von selbst einen neuen Lebensrahmen. Sie könnte erstmals ein stimmiger Kern unserer eigenen Existenz sein, um den sich die vielfältigen anderen Rollen scharen. Eine Art Gravitationszentrum, das uns eine Mitte gibt, von der aus wir in die anderen Bereiche starten können, ohne uns zu verlieren.

Fremd sein

Jede Lebenswelt hat ihre eigenen Gesetze und Gepflogenheiten. Da, wo wir herkommen, kennen wir uns aus, in anderen Welten sind wir fremd. Es ist gut, sich darauf vorzubereiten. Der neue Bereich wird vielleicht andere Charakterzüge und Werte von uns verlangen. Er hat eine eigene Kultur mit eigenen Formen, Ritualen und Gepflogenheiten, die festlegen, wer dazugehört und wer nicht. Wir haben gelernt, uns in der alten Welt zurechtzufinden. Zuerst einmal haben wir uns in einer ganz bestimmten Umgebung aufgehalten. Wir kennen die Menschen, die darin leben. Wir wissen, wie wir uns verhalten müssen, um dazuzugehören. Wir wissen auch, was wir tun müssen, um Erfolg zu haben. In der vielleicht neuen Welt unserer Berufung können ganz andere Bedingungen herrschen.

Als ich nach meiner Promotion zum ersten Mal in einer Bank arbeitete, hatte ich eine geheime Liste in meinem Schreibtisch, auf die ich alle Wörter schrieb, die ich noch nicht kannte. Mein Vorgesetzter wollte, dass ich einen Mitarbeiter »briefe« – und ich wusste nicht, was das heißt. Dann sollte ich ein paar »Action Items« zusammenstellen, um das »Kick-off-Meeting« vorzubereiten, in dem es um den »Roll-out« gehen sollte. Mir schwirrte der Kopf. Ich verstand nur »Bahnhof« und fühlte mich wie jemand, der eine völlig neue Sprache lernen muss. Das Schlimmste war: All diese Dinge schienen für die Sekretärinnen und die anderen Mitarbeiter sonnenklar zu sein. Sie bewegten sich in dieser Welt so selbstverständlich und ich so unbeholfen, dass ich manchmal zur Toilette ging und mich einsperrte, um ein wenig Ruhe zu haben und das Ganze zu verarbeiten. Doch auch dort ging der Kulturschock weiter. Im Spiegel sah ich eine Frau in einem Business-Kostüm, die mir fremd war. Bis vor kurzem war ich nur in Jeans und Schlabberpulli in der Uni unterwegs gewesen, und jetzt ging ich nach jeder Tasse Kaffee meinen Lippenstift nachziehen. Nach und nach merkte ich, dass es geheime soziale Regeln in dem Unternehmen gab, an die man sich besser anpassen sollte: Eigentlich war ich ganz froh, mich beim Mittagessen von den anstrengenden Stunden zu erholen. Aber ich merkte bald: Es ist wichtig, zum Mittagessen verabredet zu sein. Als ich diese Regel einhielt, wuchs die Achtung meiner Kollegen. Ich merkte plötzlich, wie schief man allein essende Menschen an den Nebentischen ansah. Bald fing ich selbst damit an und dachte, »was für ein Sonderling«, wenn jemand allein an einem Tisch saß. Ja, es gibt tausend kleine Gesten, Zeichen, Worte, die einen dazugehören lassen oder nicht. Als ich einige Jahre später meinen Job wechselte, musste ich wieder neue Regeln lernen. Wenn aber die Regeln schon von Unternehmen zu Unternehmen unterschiedlich sind, wie fremd sind einem dann völlig andere Berufswelten?

Viele, die ihre Berufung gefunden haben, tauschen ihr berufliches Umfeld komplett gegen ein neues aus. Die Kabarettistin Kara aus Köln wurde zu einem Business-Coach und erlebte ähnliche Schocks wie ich bei meinem Berufseinstieg in die Wirtschaft. Die Veränderungen müssen nicht immer unangenehm sein. Kara hatte sich als Künstlerin auf einen bescheidenen Lebensstil eingestellt. Schließlich konnte sie nicht wissen, wie sich ihre Auftragslage im Laufe der Zeit entwickeln würde. Da war es ein völlig neues Lebensgefühl, als ihr der zweite Beruf eine ganz andere finanzielle Sicherheit und Perspektive bot. Sollte sie jetzt vielleicht doch ein neues Auto kaufen und in eine größere Wohnung ziehen? War ihr Lebensstil noch angemessen? Fragen über Fragen, die ihr so manche schlaflose Nacht einbrachten. Karas Beispiel zeigt, dass selbst der Übergang zu »mehr Sicherheit« neue Herausforderungen mit sich bringt. »Jeder Form von geistiger Neuorganisation oder Integration geht ein gewisses Maß an Auflösung voraus«, sagt der Psychologe Anthony Storr. »Niemand kann sagen, ob auf diese notwendige Zertrümmerung alter Muster etwas Besseres folgt, bevor er es erfahren hat.«[48]

Wir müssen also Erfahrungen machen. Gute gehören genauso dazu wie schlechte. Was hindert uns aber daran, mehr Erfahrungen zu machen, mehr Fehler zuzulassen und uns durch Lernen zu entwickeln? Unsere Gewohnheiten. Sie sind Fluch und Segen zugleich. In der alten Welt haben wir Gewohnheiten gebildet, die es uns leichter machten, in ihr zu (über)leben. Psychologen und Biologen gehen davon aus, dass wir Menschen Gewohnheiten annehmen, weil unsere Instinkte nur noch sehr schwach ausgebildet sind. Um mit der Komplexität unserer Umwelt zurechtzukommen, wiederholen wir Verhaltensweisen, die uns Erfolg bringen, und unterdrücken solche, die uns Schwierigkeiten machen. Da Menschen soziale Wesen sind, achten sie darauf, welche Signale ihnen ihre Mitmenschen geben. Mit wem man sich umgibt, wird also zum großen Teil das eigene Verhalten prägen. Je öfter wir das Verhalten mit Erfolg wiederholen, desto schneller wird es zur Gewohnheit. Und jeder weiß: Gewohnheiten sind träge. Es ist schwer und verlangt große Kraft, manchmal auch eine Menge Disziplin, sie zu ändern.

Und genau dazu sind wir gezwungen, wenn wir in die neue Welt unserer Berufung gehen. Wir geraten unter Anpassungsdruck. Und dieser Anpassungsdruck ist schmerzhaft. Sehr schmerzhaft sogar. Ich kenne niemanden, der nicht mindestens eine Zeit lang sehr darunter gelitten hätte. Das ist das Beruhigende. Es gehört zur Berufung wie die Luft zum Atmen. Und wer seine Berufung erst als Erwachsener sucht, hat gute Voraussetzungen. Er ist bereits ein Anpassungsprofi. Man muss nicht allzu tief in die Psychologie einsteigen, um die Zusammenhänge zu erkennen.

Wie können wir uns besser vorbereiten? Wie bekommen wir mehr Sicherheit? Wie können wir optimale Voraussetzungen dafür schaffen, dass es gelingt, das Projekt »Berufung«? Es ist gut, sich schon einmal mental vorzubereiten, sich innerlich warm zu machen für den Schritt in die frische Luft.

Ein paar ganz leichte Lockerungsübungen sind da sehr nützlich. Sicherheit kommt aus Erfahrung. Je mehr wir über die neue Umwelt wissen, desto eher erhalten wir Orientierung und verlieren das leichte Chaos-Kribbeln, das sich mit dem Sprung in die neue Welt einstellt. Wie lebt es sich dort tatsächlich? An welchen Orten, in welchen Räumen spielt die neue Welt? Sind es Straßen, Plätze, Ateliers oder Ausstellungen? Sind es Übungsräume und Konzertsäle, sind es Ashrams, Büros, Messen oder private Arbeitszimmer? Wenn wir an den Orten sind, können wir das ganz eigene Fluidum dieser Welt erleben. Wie geht es uns dann? Was fühlen, was denken wir? Könnte das unser eigentliches Zuhause sein? Auch wenn wir uns an der Oberfläche unserer Gefühle fremd fühlen, wird unser tiefster innerer Resonanzboden widerhallen, wenn wir dort sind, wo wir hingehören. Auch jetzt ist es wichtig, den inneren Kritiker, der lieber das Gewohnte schützt und auf das Neue mit Misstrauen reagiert, genau im Auge zu behalten. Menschen in Umfeldern, die uns noch fremd erscheinen, wirken manchmal komisch oder sogar bedrohlich. Wie am ersten Arbeitstag in einem neuen Büro sind es aber oft diejenigen, die wir zu Beginn weniger sympathisch finden, die uns später am meisten geben. Man braucht Verbündete, um sich in der neuen Welt zu etablieren. Wichtig ist, einen Grundsatz aus dem systemischen Denken zu beherzigen: Wer früher im System war, hat gewisse Vorrechte, wer später dazukommt, hat ein Recht darauf, sich unter dem Schutz der früher Dagewesenen zu entwickeln. Wenn man neu ist in einem Umfeld, muss man sich nicht gleich profilieren. Vielleicht sollte man das auch nicht, um die »Platzhirsche und -hirschkühe« nicht gegen sich aufzubringen. Ruhe, eine gewisse Bescheidenheit und Nachsicht mit sich selbst sind also ein wichtiger »Überlebensfaktor« in einer neuen Welt und kein Zeichen von Schwäche. Wenn die Zeit reif ist, wird man seinen Platz verbessern und sich nach und nach mehr durchsetzen können. Wer aber als »Anfänger« zu viel riskiert und ohne Verbündete voranpreschen will, riskiert einen herben Rückschlag – Berufung hin oder her.

Bleiben wir bei der Metapher des zarten Pflänzchens. Als gute Gärtner unserer selbst sollte uns daran gelegen sein, das helle Grün, so gut es geht, zu schützen, bis es stark genug ist, im Notfall auch größere Hagelschauer zu überstehen. Am besten, wir bauen uns so etwas wie ein Treibhaus. Es bietet Schutz und sorgt für gute Atmosphäre. Was das genau bedeutet? Nicht alles sofort auf eine Karte setzen. Stattdessen: Erfahrungen machen, das Terrain sondieren, Sicherheit gewinnen und nach und nach die eigene Position ausbauen.

Planen und Probieren

Eine wichtige Bedingung für das Leben der eigenen Berufung und gleichzeitig eine der größten Herausforderungen ist die Frage: Wovon soll ich leben? Wer nicht das Glück hat, einen verständnisvollen Partner, großzügige Angehörige oder eine dicke Erbschaft sein Eigen zu nennen, wird sich nach wie vor selbst seinen Unterhalt verdienen müssen. Und wie es so ist: Anfänger werden normalerweise – wenn überhaupt – schlecht bezahlt. Sicher gibt es Menschen, die von Anfang an von ihrer Berufung gut oder sogar besser leben können als zuvor. Die weitaus meisten aber haben erst einmal deutliche Einschnitte ihres Lebensstils in Kauf genommen, um sich auf den richtigen Weg zu machen.

Mir ging es da nicht anders. Es war aber einfacher als gedacht, nachdem ich wusste, was meine Berufung war. Der Wunsch, zu schreiben und endlich ein erfülltes Leben zu beginnen, ließ mich mit Feuereifer nach Lösungen suchen, wo ich bisher nur Probleme gesehen hatte. Auf einmal war das Auto nicht mehr wichtig. Die Klamotten durften auch billiger sein. Etwas »darzustellen« kam mir plötzlich lächerlich vor. Wozu brauchte ich all den Schnickschnack, wenn ich endlich dabei war, das Leben zu führen, das wirklich zu mir passte? Die Zwänge, die ich mir vorher aufgehalst hatte, die Blicke von außen, die mir vorher so wichtig schienen – das hatte jetzt keine Bedeutung mehr. Ich wollte einfach aus der Fülle des Lebens schöpfen. Klar, Geld musste ich nach wie vor verdienen, und mir war bewusst, dass es eine Zeit lang dauern könnte, bis ich mich allein von meiner Berufung ernähren könnte.

Ich machte mir Gedanken, woher das Geld jetzt kommen sollte. Sogar einen Job als Bedienung hätte ich mir vorstellen können, so groß war die Freude über das neue Leben. Nach einigem Nachdenken war mir aber klar, dass die Veränderung gar nicht so radikal ausfallen musste. Es gab zwei grundsätzliche Möglichkeiten, die Sache zu finanzieren: Meine Kosten radikal senken oder die Einnahmen bei weniger Arbeitszeit möglichst hoch halten. Kosten senken hätte bedeutet: Auto verkaufen, in eine billigere Wohnung umziehen, Urlaub streichen und nur noch bei Aldi einkaufen. Das war machbar, hätte aber eine Menge Zeit und Energie gekostet, die ich doch gleich in meine Berufung stecken wollte. Ich rechnete die Sache durch und wusste, welches Ziel ich ansteuern musste. Je mehr der Brotjob am Tag abwerfen würde, desto mehr Zeit hätte ich für meine Berufung gewonnen. Würde ich dann noch nach und nach meine Kosten senken, hätte ich zusätzlich wertvolle Zeit gewonnen. Meine ganze Kalkulation richtete sich nicht mehr an Geld, sondern an Zeit aus. Was für eine Veränderung! Ich überwand meine frühere Scheu, rief bei der Firma an, bei der ich zuerst als Unternehmensberaterin gearbeitet hatte, und fragte, ob sie mich als freie Mitarbeiterin haben wollten. Sie wollten. Auf freier Basis konnte ich höhere Tagessätze verdienen. Ich wurde also selbständig und fiel gleichzeitig aus der gesetzlichen Sozialversicherung heraus. Meine Krankenkassenbeiträge wurden zwar höher, aber ich musste nur noch privat fürs Alter vorsorgen. Eine kurzer Blick auf den Taschenrechner zeigte mir, dass ich mit weniger Beiträgen das Gleiche erreichen könnte. Blieb als Summe: die gleiche Vorsorge, ein leicht niedrigerer Lebensstandard, aber mehr freie Zeit für meine Berufung. Mit dieser Rechnung konnte ich gut leben.

In den ersten Wochen des Planens, Durchkalkulierens und Veränderns hatte mir eine Technik gute Dienste erwiesen: Das Unterhaltungsgenie Walt Disney wusste, dass er bei jeder großen Idee mit drei verschiedenen Anteilen seiner Persönlichkeit arbeitete: Da ist zunächst der Träumer, der wild Ideen generiert und sich gar nicht um die Wirklichkeit kümmert. Daneben gibt es den Realisten, den Macher, der dafür sorgt, die Dinge umzusetzen. Der Dritte im Bund ist der Kritiker, der die Vorschläge des Realisten auf Probleme oder Hindernisse überprüft und mit den bisher gemachten Erfahrungen abgleicht. Disney nahm das Konzept dieser drei Persönlichkeitsanteile ganz wörtlich und gab jedem von ihnen ein eigenes Arbeitszimmer. Einen Raum für den Träumer, einen für den Realisten und einen für den Kritiker. Er versetzte sich im jeweiligen Raum voll und ganz in den Persönlichkeitsanteil, der gefragt war; je nachdem, welche Stimme das Projekt gerade erforderte. Auch seine Mitarbeiter richteten sich nach der Raumeinteilung. Im Träumer-Raum wurden wild Ideen entwickelt – ohne sie zu prüfen oder zu kritisieren. Das war die Aufgabe für die nächste Station: Hier war der Realist oder Machergeist gefragt. Was war zu tun, um die Idee, die im Träumer-Raum entwickelt wurden, umzusetzen? Oder waren Änderungen nötig? Nach der Stimme des Realisten war der Kritiker gefragt. Im Raum des Kritikers wurde jede Idee und ihr Umsetzungsplan auf Herz und Nieren geprüft. Was war gut, was war weniger gut daran? Worauf sollte man achten? Wo hatte man schon einmal weniger gute Erfahrungen gemacht? Wie konnten Fehler am besten vermieden werden? Dieses Verfahren wiederholten Disney und seine Mitarbeiter für jede Idee mehrmals. Am Ende kamen in jeder Hinsicht ausgegorene einfallsreiche Projekte heraus, bestens vorbereitet auf den Erfolg.

Ich arbeite selbst regelmäßig mit dem Disney-Konzept, entwickle damit neue Ideen und sorge gleichzeitig in einem geordneten Rahmen dafür, sie bis zu ihrer genauen Planung durchzuarbeiten. Alle Szenarien spiele ich durch, was gut laufen und was schief gehen kann – am Ende einer Disney-Triade kann mich nur noch wenig überraschen. Techniken wie diese helfen, Ordnung in das Chaos der Kreativität zu bringen. Vor allem schützen sie die Imagination in Gestalt des Träumers. Zu frühes Kritisieren wirkt wie eine Zensur, und Zensur bezwingt sowohl den Geist als auch die Phantasie. Es ist deshalb richtig, beim Suchen und Finden der Berufung den Träumer auf Beutezug gehen zu lassen, ohne ihn an die Leine der Realität zu nehmen. Machten wir es anders, kämen keine wirklich neuen Ideen in die Welt. Das war es, was Einstein meinte, als er sagte: »Phantasie ist wichtiger als Wissen.«

Sind diese Schritte getan, sollte man prüfen, ob die Pläne und Ideen realistisch und umsetzbar sind. Jetzt ist konstruktive Kritik gefragt. Jeder Gestaltungsschritt bringt neue Fragen und neue Informationen, die wiederum neue Ideen und darauf folgende Umsetzungspläne erfordern. Mit diesem rollierenden, aber in einzelne »Räume« abgetrennten Vorgehen schützt man sich vor zwei Abgründen, die links und rechts des Weges lauern: dem ängstlichen Verharren in alten Fahrwassern auf der einen und dem Bauen von Luftschlössern, die an der Realität scheitern, auf der anderen Seite. Diese beiden Abgründe sind die größten Hindernisse auf dem Weg, seine Berufung zu finden und umzusetzen. Sie zu meiden ist die wichtigste Fertigkeit, die wir erlernen müssen.

Die Doppelexistenz

Wie ist das nun mit dem »Treibhaus« für unser zartes Pflänzchen? Bezogen auf die Berufung ist es nichts anderes als ein Job zum reinen Geldverdienen. Das kann der alte Beruf sein, aber auch irgendeine Tätigkeit, die Geld abwirft und finanziellen Freiraum für die Berufung schafft. Auf zwei Standbeinen zu stehen ist eine gute Möglichkeit, den Übergang in die neue Welt mit Erfolg zu bewältigen. Das zeigen auch die Erfahrungen meiner Gesprächspartner. Die wenigsten von ihnen setzten alles von Beginn an auf eine Karte. Und wenn sie das taten, kehrten sie oft nach kurzer Zeit in die Übergangsphase der Doppelexistenz zurück.

Dafür gibt es mehrere Gründe: Wenn man davon ausgeht, seinen gesamten Lebensunterhalt von jetzt auf gleich in der neuen Lebenswelt erwirtschaften zu müssen, wird der innere Kritiker laut aufheulen und einen unbefangenen, neugierigen Blick auf die neue Umgebung unnötig schwer machen. Eine Welt, in der ich einfach dabei sein möchte, sehe ich mit anderen Augen an als eine Welt, in der ich bestehen und mich vielleicht sogar beweisen muss. Manche Menschen sind deshalb glücklich damit, ihre Berufung nicht in den Mittelpunkt des Broterwerbs zu stellen. Sie empfinden es als leichter, ihre Berufung im Nebenerwerb oder als unbezahlte Tätigkeit zu leben und damit den Druck der finanziellen Notwendigkeiten von ihrem innersten Anliegen fern zu halten. Man kann es aber auch anders sehen. Ich habe gute Erfahrungen damit gemacht, den Brotberuf als Hobby zu sehen und die Berufung als die eigentliche Aufgabe.

Mit einer Doppelexistenz befindet man sich übrigens in guter Gesellschaft. Leo Tolstoi diente noch mehrere Jahre als Offizier in der Armee, obwohl er bereits sehr erfolgreich Geschichten veröffentlichte. Franz Kafka arbeitete fast bis zum Ende seines Lebens in einer Versicherungsanstalt. Sicher, andere waren privilegierter. Thomas Mann lebte von dem Erbe seines Vaters, eines reichen Lübecker Kaufmanns. Wassily Kandinsky, der erst mit dreißig anfing, Malunterricht zu nehmen, finanzierte sich durch die

Mieteinnahmen aus einer Moskauer Immobilie. Andere hatten sich bereits ein Vermögen selbst erarbeitet, als sie in der zweiten Lebenshälfte ihre Berufung lebten. Geld spielt also eine Rolle. Auch wenn man seine Berufung gefunden hat. Trotzdem sollte immer klar sein, wo die eigenen Prioritäten liegen. Friederike, die heute als Kulturredakteurin ihren Traumberuf gefunden hat, finanzierte ihr zweites Studium mit freier Mitarbeit für Zeitungen. Sie wollte ihrer Berufung mit einem geisteswissenschaftlichen Studium Substanz geben und verbrachte trotzdem schon Zeit mit dem, was sie eigentlich tun wollte. Nach dem zweiten Studiengang war sie bereit, als Volontärin noch einmal finanziell zurückzustecken. Aber jetzt tat sie schon das, was sie immer tun wollte.

Aber es kann noch andere Gründe geben, mit einer Doppelexistenz anzufangen und diese vielleicht sogar aufrechtzuerhalten. Obwohl ich es als meine Berufung empfinde, als Autorin zu leben, arbeite ich weiterhin einen bestimmten Zeitraum im Jahr als Organisationsberaterin und Coach in Unternehmen und für Privatkunden. Neben dem finanziellen Spielraum, den ich mir damit offen halte, ist es erholsam und gleichzeitig anregend, ein wenig »alte« Welt in meiner neuen Welt zu behalten. Beide Welten sind entlastet, da ich sie nicht als ausschließliche Bezugsgröße auffasse. Und noch eines habe ich dabei gelernt.

In den Monaten, in denen ich ausschließlich schrieb, habe ich erlebt, dass mein extrovertierter Persönlichkeitsanteil mehr »Futter« brauchte. Es war einer Seite von mir schlicht und einfach zu langweilig, immer nur allein zu Hause am Computer zu sitzen. Jetzt, wo ich eine wohltuende Abwechslung zwischen intensivem Austausch mit meinen Klienten und Kollegen auf der einen Seite und dem

Alleinsein auf der anderen habe, fühle ich mich voll und ganz ausgeglichen. Es sind oft die kleinen Tricks, die das alte Ich beruhigen und in Schach halten, bis das zarte Pflänzchen der Berufung aus sich heraus lebensfähig ist. Und vielleicht ist es auch danach gut, die Doppelexistenz beizubehalten.

Ziele stecken

Egal, ob man finanziell auf einem oder zwei Beinen steht: Es ist gut, sich klare Ziele für die Umsetzung der Berufung zu stecken. Klare Ziele sollten bestimmte Voraussetzungen erfüllen, um wirksam zu sein. Sie müssen aus eigener Kraft erreichbar sein. Das heißt, dass sie in einem realistischen Rahmen liegen sollten. Man kann zwar, wie die Amerikaner sagen, »groß« denken, aber das Ziel, in fünf Jahren den Nobelpreis für Literatur zu bekommen wäre zum Beispiel schon außerhalb der eigenen Möglichkeiten und damit für das Unterbewusste eher demotivierend als hilfreich. Ziele sollten darüber hinaus klar und positiv formuliert sein: Wann will ich was wo erreichen? Das heißt konkret: Wenn es meine Berufung ist, Schriftstellerin zu sein, dann darf es nicht heißen »Eines Tages werde ich ein Buch veröffentlichen«, sondern »Im September des Jahres X erscheint mein erster Band mit Kurzgeschichten«. Es ist gut, sich vorzustellen, das Ziel schon erreicht zu haben. Wie fühlt sich das an? Was sieht, hört, riecht und fühlt man, wenn das Ziel erreicht ist? Ich könnte mir zum Beispiel vorstellen, wie ich über die Buchmesse in Frankfurt schlendere und schon von weitem meinen Band am Stand meines Traumverlages stehen sehe. Ich höre die Menschen, rieche die unzähligen Bücher um mich herum. Gleich treffe ich einen Journalisten zum Interview. Ich spüre, wie unbändiger Stolz in mir aufsteigt auf das, was ich erreicht habe und was noch vor mir liegt.

Eine weitere Hilfe ist es, kleinere Zwischenziele zu stecken. Mentaltrainer gehen davon aus, dass es Zeitabschnitte gibt, die sich besonders gut für die persönliche Entwicklung eignen: Woran erkenne ich, dass ich in einem Monat, in drei Monaten, einem Jahr und schließlich in drei Jahren meinem Ziel näher gekommen bin? Zeiträume, die erheblich länger sind, haben unter Umständen eine verschiebende statt motivierende Wirkung. Zehn- oder Zwanzig-Jahres-Horizonte eignen sich für eine persönliche Lebensvision und zeigen die Richtung der Berufung an, sind für genau bestimm- und erreichbare Ziele aber weniger geeignet. Zu guter Letzt sollte man prüfen, ob das Ziel sich mit anderen Bereichen meines Lebens verträgt. Könnten z. B. andere Menschen, die einem sehr wichtig sind, etwas dagegen haben? Kann man es nur um den Preis der körperlichen und mentalen Selbstüberforderung erreichen? Wenn man auf Fragen dieser Art ein leises »Ja« aufkommen spürt, sollte man entweder das Ziel neu formulieren oder sich Strategien überlegen, wie man die Widerstände auf eine für sich und andere annehmbare Weise überwinden kann.

Ist das Ziel zum Beispiel zu kurzfristig gesteckt? Vielleicht würde sich die Gesamtsituation spürbar entspannen, wenn man sich die doppelte Zeit dafür gibt. Wie könnten die Menschen im engsten Umfeld für das Ziel gewonnen werden? Gilt es, Kompromisse einzugehen? Was könnte andere dazu motivieren, das eigene Ziel zu unterstützen? Was könnten sie davon haben? Könnte man vielleicht einen Tausch anbieten? Es ist wichtig, das eigene Umfeld einzubeziehen und eine für alle befriedigende Lösung zu finden. Manchmal ist es aber auch nötig, sich von Personen zu trennen, die einen dauerhaft schlechten Einfluss haben. Ist dafür der richtige Zeitpunkt? Welche mentalen oder materiellen Ressourcen bräuchte man, um einen solchen Schritt zu tun? Das ist wohlgemerkt der äußerste Schritt, der nur in seltenen Fällen nötig ist. Glückliche Menschen, die ihre Lebensaufgabe kennen, haben eine unwiderstehliche Anziehung. Sie sind weniger manipulierend oder manipulierbar und dadurch eher in der Lage, glückliche Beziehungen aufzubauen und zu erhalten.

Der innere Kritiker

Die größten Herausforderungen kommen nicht von außen, sondern liegen in uns selbst.

Der innere Kritiker meldet sich gewöhnlich recht früh. Manchmal so früh, dass man gar nicht den Mut fasst, überhaupt in das Stadium des »Trial and Error« zu treten. Gehen wir einige typische selbst gebaute mentale Hindernisse durch, dann verlieren sie ihren Schrecken.

Eine typische Selbstsabotage ist die Überzeugung, man sei zu alt dafür, seine Berufung umzusetzen. »Ich gehöre doch schon zum alten Eisen«, höre ich manchmal von Frauen, die gerade einmal die vierzig überschritten haben. Ich erzähle ihnen dann gerne die Geschichte von Eveline Goodman-Thau, die fünf Kinder großgezogen hat, um noch mit Mitte sechzig Rabbinerin zu werden, eine der Ersten im orthodoxen Judentum. Darüber hinaus hat Goodman-Thau promoviert und lehrt mit ihren siebzig Jahren noch an verschiedenen Universitäten. Aber es muss ja nicht gleich eine solche Karriere sein. Mir fällt eine Bekannte aus dem Rheinland ein, die nach ihrer Zeit als Hausfrau und Mutter – wie man so schön sagt – »die Schnauze voll« hatte und sich für ein Studium der Sozialarbeit einschrieb. Trotz befremdeter Blicke und Kommentare aus ihrem gutsituierten Milieu hat sie das Studium durchgezogen und mit Ende vierzig eine begehrte Stelle in der Kinder- und Jugendpsychiatrie an der Universitätsklinik angetreten. Dort hat sie mit angepackt, denjenigen jungen Menschen eine neue Perspektive zu geben, die zu Hause die Achtung vor dem Leben und vor sich selbst verloren hatten. Heute, sie geht auf die sechzig zu, hat sie einen weiteren Schritt getan und eröffnet eine eigene familientherapeutische Praxis. Auch diese Frau, nennen wir sie Angelika, hat mehr als einmal in ihrem Leben ihr fortgeschrittenes Alter beklagt. »Hätte ich doch früher …«, sagt sie dann. Doch wenn ihre erwachsenen Söhne zur Tür hereinkommen, kann man ihr den Stolz auf die angeblich »vergeudeten Jahre« ansehen. Zum Glück haben sich die Zeithorizonte heute verschoben.

Natürlich sind es nicht nur Frauen, die mit dem Problem »Ich bin zu alt« zu kämpfen haben.

Heinrich Schliemann, er lebte von 1822 bis 1890, stammte aus einem kleinen Dorf in Mecklenburg.[49] Schon früh konnte er sich gar nicht satt hören an den gruseligen Sagen seiner Heimat, und als Schuljunge interessierte er sich für griechische Heldensagen. Dennoch sah alles danach aus, als ob es bei einer Jugendbegeisterung bleiben würde. 1841 heuerte Schliemann in Hamburg als Schiffsjunge an, aber auf seiner ersten Fahrt ging das Schiff bei schwerer See unter und er wurde zurück in den Hafen gebracht. Nach dieser Katastrophe besann er sich auf einen anderen Beruf und begann als Bürodiener. In seiner Freizeit lernte er Sprachen.

Bald schaffte er es, mit Hilfe einer eigenen Methode innerhalb von sechs Wochen jede Sprache fließend zu sprechen. Er lernte mühelos Holländisch, Spanisch, Portugiesisch, Italienisch, Russisch und später noch viele andere Sprachen. Der Erfolg ließ nicht auf sich warten: 1857 sprach und schrieb er bereits fünfzehn Sprachen fließend und war ein reicher Kaufmann geworden. Doch Schliemann war damit nicht glücklich. Das berühmte »Hätte ich doch ...« erfasste auch ihn, den vom Erfolg verwöhnten Glückspilz. Mit vierunddreißig Jahren schrieb er an seine Tante, er hätte das Gymnasium zu Ende besuchen und Philologie studieren sollen. Dann wäre etwas »Tüchtiges« aus ihm geworden. Jetzt sei er zu alt, um seiner Leidenschaft, der Philologie, den Sprachen, sein Leben zu widmen, der Vorsprung der anderen Wissenschaftler sei zu groß: »Hätte mich nicht vor 24 Jahren mein unglückliches Schicksal Eurer Fürsorge entzogen, wäre ich ... ans Gymnasium in Wismar und später auf die Universität gekommen, dann würde ich jene Grundlage haben, und eventuell würde vielleicht etwas Tüchtiges aus mir geworden sein, denn an Anlagen fehlte es mir nicht. Jetzt aber bleibe ich mein ganzes Leben lang in wissenschaftlicher Hinsicht ein Stümper.« Und weiter: »Nach meiner Überzeugung liegt das wahre Glück nicht im Geld, sondern in der Herzensruhe und Selbstzufriedenheit, welche ich früher im Gewühle des großen Geschäfts nie kannte, und die mir durch die Wissenschaft eigen wurde.«[50] Wir kennen sie wohl alle, die »Hätte ich doch«-Leier.

Der Weg zu den Wissenschaften war für Schliemann aber noch weit. Immer wieder zweifelte er daran, in seinem Alter noch etwas Anständiges zu Wege zu bringen. Erst Jahre später traf er eine folgenreiche Entscheidung. 1866, im Alter von vierundvierzig Jahren, war er so wohlhabend, dass er seine Kaufmannschaft aufgeben konnte, um sich nur noch seinen eigentlichen Interessen widmen zu können. Er nahm sein Studium der Philologie und Archäologie, der Sprachwissenschaft und der ägyptischen Philologie in Paris auf. 1868 unternahm er eine erste Studienreise nach Griechenland und Kleinasien. Hier, im Alter von sechsundvierzig Jahren, fand er seine wahre Lebensaufgabe: Troja, den Palast des Agamemnon und den des Odysseus aus den Nebeln der Mythologie zu reißen und aus dem Boden hervorzuholen. Er setzte seine gesamte Zeit und sein ganzes Vermögen daran, Troja zu finden, von dem die Fachwelt annahm, dass es eine reine Erfindung Homers gewesen sei. Schliemann hatte seinen Jungentraum aber nicht aufgegeben und war davon überzeugt, dass das echte Troja existierte. Er nahm Homer wörtlich und machte sich mit seinen Versen als Führer auf die Suche nach den Überresten der antiken Stadt. Und siehe da: Er fand nicht nur das historische Troja, sondern einen riesigen Goldschatz dazu. Später entdeckte er im alten Mykene Königsgräber und ebenso wertvolle Schätze. Heinrich Schliemann, der in seinen Dreißigern bedauert hatte, »nichts Rechtes« studiert zu haben, ging als einer der größten Archäologen in die Geschichte ein.

Zu alt – das gibt es faktisch nicht. Immer gibt es einen Weg, die Berufung so zu gestalten, dass sie in jedes Lebensalter passt. C. G. Jung war davon überzeugt, dass unsere Entwicklung im Erwachsenenalter und bis ans Ende unseres Lebens mindestens ebenso tief greifend ist wie in den ersten Jahren. Während sein ehemaliger Lehrer Sigmund Freud Patienten über fünfzig nicht gerne behandelte, weil er meinte, ein älterer Mensch sei nicht mehr zu Veränderungen fähig, glaubte Jung das Gegenteil. Er spezialisierte sich in seinem langen Forscher- und Therapeutenleben auf Menschen in der zweiten Lebenshälfte und zeigte, dass sich wichtige Transformationen der Persönlichkeit erst dann bewerkstelligen lassen, wenn man bestimmte Phasen seines Lebens hinter sich hat.[51] Und das macht doch Mut.

Anfechtungen oder die vielen Tore zum Glück

Die Kündigung war durch, eben hatte ich die letzten Sachen aus dem Büro geholt. Mein geliebtes Bild von der aufgewühlten See hing endlich über meinem Schreibtisch zu Hause. Ich hatte den Weg frei geräumt. Alle Eventualitäten waren durchdacht, alle Pläne auf ihre Tauglichkeit hin überprüft. Bisher hatte ich mit relativ wenigen Umwegen alles richtig gemacht. Hatte viel nachgedacht, meine Vergangenheit durchforstet, meine Gegenwart analysiert, meine Zukunft ausgemalt, die Inkubationszeit geduldig überstanden und war schließlich wirklich bereit, meinen Inspirationen zu folgen. Und nun? Einfach anfangen, dachte ich. Und damit ging es schon los. Der Computer war gerade dabei zu booten, als sich ein Gedanke in mir festzusetzen begann, wie eine schlechte Schlagermelodie, die man nicht mehr aus dem Kopf bekommt: »Heute kann ich noch nicht mit dem Schreiben anfangen, weil ich erst noch die Wäsche machen und den Keller ausmisten muss.« Zuerst versuchte ich, den Gedanken zu verdrängen, dann aber ließ ich mich ein auf seine verführerische Spur. Wie konnte mir die Dringlichkeit dieser Aufgabe bis jetzt verborgen geblieben sein? Ich ging erst einmal in die Küche und machte mir einen Tee. Wenn ich heute die Wäsche nicht machen würde, hätte ich morgen nichts zum Anziehen und könnte nicht in die Bibliothek, um mir das wichtige Buch für mein Projekt auszuleihen. Das ging also gar nicht. Die Wäsche musste auf jeden Fall gemacht werden. Je eher, desto besser. Wie war das aber mit dem Keller? Jahrelang hatte ich das Kellerproblem vor mir her geschoben. War es nicht endlich an der Zeit, meinem inneren Quälgeist den Gefallen zu tun und diesen verdammten Keller auszumisten? Und überhaupt: Wäre ein Anfang mit meinem Projekt nicht viel einfacher, wenn der Keller schon sauber wäre und wieder Platz böte? So nahm der Tag eine ganz undramatische Wendung. Statt mit meinem Projekt anzufangen, machte ich Ladungen voll Wäsche, widmete mich mit Liebe den sträflich vernachlässigten Wollpullis und räumte tatsächlich den Keller auf. Nicht nötig zu erwähnen, dass der völlig verrümpelte Keller natürlich mehrere Tage in Anspruch nahm und ich am Ende der Woche immer noch nicht mit meinem Projekt begonnen hatte. Auf einmal erschien mir die stürmische See auf dem Bild über dem Schreibtisch etwas ungemütlicher als sonst. Das war sie also, die erste Hürde.

Wenn es wahr sein sollte, dass es ein göttliches Wesen ist, das uns die Berufung »schickt«, dann stimmt es auch, dass uns seine Gegenspieler das Leben schwer machen: Sei es der Teufel, die Dämonen oder andere Plagegeister. Im Laufe der nächsten Wochen und Monate sollte ich eine stattliche Anzahl von ihnen persönlich kennen lernen. Seit ich Bekanntschaft mit den Plagen gemacht habe, verstehe ich, warum in früheren Jahrhunderten auch auf der schönsten Schatzkarte Ungeheuer, Untiefen, Spukwälder und drachenbewohnte Höhlen verzeichnet waren. Gut, wenn schon einmal jemand da war und vor ihnen warnen kann! Welcher Spezies sie auch angehören mögen: Sie sind lästige, aber unumgängliche Begleiter. Man muss sich mit ihnen auseinander setzen wie mit den Stechmücken an einem lauen Sommerabend in den Weiten der nordischen Fjordlandschaften. Kein Naturerlebnis ohne Mücken. Aber ohne Mücken auch kein Naturerlebnis.

Sehen wir uns die Herausforderungen der Reihe nach an. Da sind zuerst die einfachen Plagen. Sie gehören zum Leben und werden sich immer wieder zeigen. Mal sind sie schwerer, mal leichter, mal aggressiver, mal zahmer. Ihr Spektrum reicht von vergleichsweise harmlosen schlechten Gewohnheiten bis zu massiver Selbstsabotage. Meist zeigen sie sich in Form innerer Stimmen, die sich als scheinbar rationale Gedanken ausgeben, uns in Wirklichkeit aber schlicht und einfach vom Leben der Berufung abhalten. Eine haben wir bereits kennen gelernt: die Scheu vor dem Anfangen. Sie gehört zu einem typischen Plagekomplex, der Berufene treffen kann.

Das Vorziehen scheinbar dringlicher Tätigkeiten gegenüber den wirklich wichtigen ist nur eine der vielen Strategien, sich den Anfang zu verderben. Im Laufe meiner Recherchen habe ich noch viele weitere Spielarten kennen gelernt: »Ich muss erst den perfekten Anspitzer im Spezialgeschäft kaufen, bis ich mit dem Zeichnen beginnen kann. Aber heute ist leider Sonntag. Also kann ich frühestens morgen Nachmittag anfangen.« Auch eine Variante. Typische Vertreter sind: schnell noch eine Freundin anrufen, dann vielleicht noch bei den Eltern melden – ist ja schon lange Zeit dafür. Oh, außerdem Tante Marianne endlich mal einen Brief schreiben! Ich habe zwar keine Marken, aber ein Brief ist eben persönlicher. Noch schnell zur Post und dann geht's los. Diese Art von Plagen kommt, wenn der Alltag sein hässliches Gesicht zeigt und die Idee der Berufung in den Schmutz zu ziehen droht. Kann es denn wirklich sein, dass ich hier und jetzt mit meiner Berufung anfange? Niemand steht neben mir und klatscht Beifall? Hier am Montag Nachmittag an meinem alten Schreibtisch? Soll sich von hier aus mein Leben verändern? Man ist einfach noch nicht bereit, die Berufung vom Traum zum Alltagszustand werden zu lassen, weil der Alltag noch zu stark mit Frust belastet ist. Also erlebt man lieber neuen Frust mit alten Themen als den alten Frust in der neuen Aufgabe. Wie kommt das?

Kommt der Alltag in die Berufung, scheint es manchmal der Beginn eines tiefen Tals zu sein, des niedrigsten Punktes in der »Change«-Kurve. Das Gemeine daran ist, dass man während des vorherigen Prozesses des Suchens, Findens und Gestaltens durch eine sehr aktive, anregende Phase geht, die wie eine Adrenalinspritze auf das eigene Leben wirkt. Und dann der Alltag – zack, bumm. Aus die Maus. Plötzlich ist nichts mehr einfach, und alles muss wieder hart erarbeitet werden. Manche flüchten an diesem Punkt in die so genannte »Ausbildungsschleife«. Sie stehen auf und buchen erst einmal einen Kurs. Das bringt neue Gesichter, neue Hoffnungen, Abwechslungen und das Gefühl, nicht allein zu sein. Dagegen wäre nichts einzuwenden, wenn die Ausbildungsschleife eben nicht eine Schleife wäre, die erneut gedreht wird, wenn der nächste harte Alltag vor der Tür steht. Der Alltag, wo die Sekunden sich anfühlen wie Stunden. Wo wir auf unserem Stuhl hin- und herrutschen oder ratlos an der Werkbank stehen und mit einem Mal feststellen: Mein Gott, ich stehe wieder am Anfang. Wie ein Flugzeug, das Angst vor der Landung hat, drehen wir Schleife um Schleife, den Flughafen fest vor Augen – und langsam geht das Kerosin aus.

Warum ist das so? Der erste Schritt verlangt, in vollkommen unbekanntes Terrain vorzustoßen. Mut und die Kraft, loszulassen und Fehler zu machen, wären gefragt. Die Ausreden sind blumig, im Kern aber die gleichen wie bei Süchtigen, die Besserung geloben: Morgen höre ich mit dem Rauchen auf. Aber erst morgen. Morgen fange ich mit der Diät an, heute will ich noch mal richtig reinhauen. Wenn man wirklich nah am Durchbruch steht, scheint man noch einmal süchtig zu werden nach dem alten Leben. Immerhin kennen wir dieses Leben und haben uns irgendwie darin eingerichtet. Genauso wie wir die Nikotinsucht oder die überflüssigen Pfunde loswerden wollen, sind wir uns bei Tageslicht der Bedeutung des Problems bewusst. Dann wird es Nacht und wir schlingern wieder hinein in das alte Leben und suhlen uns in den bekannten Schmerzen. Hinter all den Emotionen lauert das tiefe Unbehagen: Was ist, wenn es mir schlank auch nicht besser geht? Jeder, der schon einmal ernsthaft abgenommen hat, weiß: Da muss man durch.

Geht man nicht hindurch, wird es noch schlimmer als vorher. Das Gewicht bleibt nicht einmal so, wie es ist, sondern steigt noch einmal extra. Auf die Berufung bezogen, kann die Plage, nicht anzufangen, eine echte Gefahr sein. Aus einer Plage kann sich nämlich eine handfeste Anfechtung entwickeln. Lange macht man den Kreislauf der Unproduktivität nicht mit. Schneller als gedacht melden sich innere Stimmen, die es »wirklich gut« meinen, und überzeugen einen mit väterlichem oder mütterlichem Ton davon, dass es doch besser wäre, zum alten Leben zurückzukehren. Und was machen wir dann? Wenn die Unfähigkeit, einen Anfang zu machen, diese pathologischen Züge annimmt, gehört sie zur Familie der »Gewohnheit, schlecht mit sich umzugehen« und zum engeren Kreis des so genannten »Mind fuckings« – man verzeihe mir diesen drastischen Ausdruck. Aber wir werden diesem Kreis noch so manches Mal begegnen. Die Gewohnheit, schlecht mit sich umzugehen, gibt es in einer inneren und einer äußeren Variante. Die Plage des nicht Anfangens gehört zur inneren. Sie ist ein Zeichen dafür, dass man sein Leben noch nicht wirklich ernst nimmt und noch nicht bereit ist, die Verantwortung dafür zu übernehmen, wo man heute steht und morgen stehen möchte. Manchmal ist es ein einschneidendes Erlebnis, manchmal einfach Überdruss, der den Teufelskreis durchbricht. Irgendwo habe ich einmal gelesen, der Mensch sei jeden Tag das Produkt seiner gestrigen Entscheidungen. Manchmal reicht auch das tiefe Verständnis dieses Satzes, den Anfang zu machen.

Nachdem die Wäsche gewaschen und der Keller geordnet und ich mir der Gefahren bewusst geworden war, die mir das stürmische Seebild per Intuition vermitteln wollte, fing ich einfach an mit meinem Projekt. Ich ging durch die schweren Momente des Anfangens hindurch. Die ersten Seiten waren noch nicht abgespeichert, da hatte es mich wieder, das Glücksgefühl, das ich in den letzten Wochen so oft erlebt hatte. Ich freute mich auf die produktiven Stunden und schaffte es sogar, nach »Feierabend« ernsthaft mit dem Joggen anzufangen. Meine Freundinnen und Freunde gaben mir mehr als einmal das Feedback, wirklich ganz toll auszusehen und eine »irre« Ausstrahlung zu haben.

Das alles hätte so weitergehen können, wenn da nicht dieser dumme Streit mit meiner besten Freundin dazwischengekommen wäre. Es ging um eine Frage, über die wir uns sonst immer einig waren: Wohin soll es in den Urlaub gehen? Diesmal wurde daraus eine handfeste Krise, die damit endete, dass ich beschloss, nicht mit ihr zu verreisen, sondern mit einer anderen Freundin in eine Finca auf Mallorca zu fahren. Meine Stimmung war im Eimer. Und ich konnte nicht arbeiten. Wie soll man auch arbeiten, wenn man Streit mit seiner besten Freundin hat? Natürlich war es jetzt dringender, das Problem mit zahlreichen weiteren Freundinnen und Freunden durchzusprechen, mich selbst zu bemitleiden und mir die Worte, die gefallen waren, immer wieder vor meinem geistigen Ohr vorzuspielen. Mein junges Glück mit meiner Berufung hatte eine jähe Wendung genommen. Dabei hatte es eigentlich gar nichts mit meiner Berufung zu tun. Wie konnte ich wissen, dass ich in die nächste Falle der Plagen, Prüfungen und Anfechtungen getappt war?

Was war passiert? Wenn wir unsere Berufung gefunden haben, verändert sich etwas in unserem Leben. Auch wenn es ausschließlich positiv ist, fordert es uns. Im schlimmsten Fall überfordert es uns. Stellen wir uns vor, wir hätten Dezember und von einem Tag auf den anderen würde die Sonne scheinen und das Thermometer auf dreißig Grad hochschnellen. Würden wir uns darüber freuen und hurtig die Badesachen aus den Schränken holen? Mit Sicherheit nicht. Panik würde uns befallen, und wir würden alles dafür tun, den alten Zustand wiederherzustellen. Die meisten von uns neigen dazu, das Unbekannte möglichst schnell an unser bekanntes System anzupassen. Manche Psychologen und Biologen behaupten sogar, das müsse so sein, weil wir sonst durch zu viele Veränderungen überfordert wären. Weil wir nur noch wenige Instinkte haben und unser Leben unendlich komplex ist, brauchen wir Gewohnheiten, die das Leben berechenbar und sicher machen. Selbst wenn wir die Kraft haben, unsere Berufung »durchzuziehen«, hat unser psychisches Innenleben noch eine Menge Spielraum, das gewohnte Unzufriedenheitsklima aufrechtzuerhalten. Ein Drama genau dann vom Zaun zu brechen, wenn man kurz vor den ersten Erfolgen seines neuen Lebens steht, ist eine gern genutzte Variante. Es gibt aber noch weitere Spezialitäten, die in diesen Kreis gehören: Wenig sorgsam mit seinem Körper umzugehen und dann kurzfristig krank werden, wenn kritische Termine anstehen. Der Körper ist meistens ein unbestechlicher Indikator dafür, welchen Stand die Gewohnheit, mit sich selbst schlecht umzugehen, in unserem Leben hat. Ein einfacher Blick in den Spiegel oder ein mutiger Besuch beim Arzt kann ein echter Anfang sein, sein Leben auf allen Ebenen zu verbessern.

Treibt man es zu weit, ist es reine Selbstsabotage, die das gewohnte Klima herstellen soll. Zum Glück weiß ich da nur von bereits verstorbenen Künstlern zu berichten. Da war der französische Dichter Arthur Rimbaud, von dem bereits die Rede war und der es sich zur fixen Idee machte, nicht mehr schreiben zu dürfen, um seinen Hochmut vor Gott zu sühnen und irgendeinen absurden »Stein der Weisen« zu finden. Ein ähnliches »Talent« hatte der amerikanische Autor Edgar Allan Poe, der mit seinen gruselig-phantastischen Geschichten und seiner Begabung als Journalist und Kritiker ein erfolgreiches und befriedigendes Leben hätte führen können. Mit schlafwandlerischer Sicherheit verdarb er sich aber beinahe jede Chance. Poe hatte eine beklagenswerte Kindheit und Jugend. Aus deren Mängeln schöpfte er seine großen Ideen, aber auch ein erstaunliches Repertoire der Selbstsabotage. Edgar Allan Poe wird am 19. Januar 1809 in Boston als Sohn zweier Schauspieler geboren. Bereits kurz nach seiner Geburt macht sich der Vater aus dem Staub. Die Mutter, eine ausgesprochen schöne Frau, wird nicht älter als dreiundzwanzig Jahre. Sie stirbt vor den Augen des Dreijährigen, der über diesen Eindruck nie hinwegkommen wird. Die »schöne Tote« wird zum Leitmotiv seiner späteren Geschichten. Immer wieder schreibt er über die »sterbende schöne Frau«, über die »Perlenkette der Zähne«, welche die am Erstickungstod gestorbene Mutter zeigt, und die »Wehmut und Anmut des Todes«. Edgar kommt zu Pflegeeltern, die ihm eine wohlanständige Kindheit ermöglichen. Als der Pflegevater 1825 eine riesige Erbschaft annimmt, wird die Familie zu einer der reichsten Virginias. Eine der vielen Paradoxien seines späteren Lebens nimmt ihren Anfang: Edgar darf sich zwar zum Studium einschreiben, wird vom schwerreichen Pflegevater aber so kurz gehalten, dass er faktisch nicht menschenwürdig existieren kann. Er macht Schulden und versucht, durch Spielen zu Geld zu kommen. Natürlich vergeblich und zum großen Ärger des geizigen Pflegevaters.

Die Spirale des Unglücks endet mit dem Zerwürfnis zwischen Vater und Sohn. Poe versucht sich nun als Schauspieler und Journalist durchzuschlagen, scheitert aber. Aus Not tritt er in die Armee ein. Zwei Jahre später geht er auf die Militärakademie von Westpoint, wo das Lesen selbstgewählter Lektüre und das Schreiben eigener Texte verboten sind. Ein Jahr nach Aufnahme wird er aus Westpoint entlassen. Doch er hat seine Berufung gefunden: Poe beginnt Erzählungen zu schreiben und als Journalist zu arbeiten. Als sein Pflegevater stirbt, ist die Enttäuschung Poes groß: Er erbt keinen einzigen Cent. Die verschiedenen Zeitschriften, für die er arbeitet, treibt er mit seinen scharfsinnigen Beiträgen und Kritiken zu neuen Auflagerekorden. Trotzdem kann er sich finanziell nicht etablieren und lebt am Rande der Armut. Es fehlt ihm der Mut, seinen Anteil an den Gewinnen der Zeitschriften zu erstreiten. Immer wieder erliegt er Saufgelagen und spielt. Als er in den vierziger Jahren als gefeierter Poet des »Raben« bereits berühmt ist und den Präsidenten der Vereinigten Staaten treffen kann, wirft er sich dermaßen in ein Saufgelage, dass der Termin abgesagt werden muss und das Treffen nicht zustande kommt. Poe verdirbt sich selbst eine der größten Chancen seines Lebens. Von nun an wird er immer wieder Opfer dieses Selbstzerstörungsprogramms. Er säuft dann, wenn große Chancen für ihn vor der Tür stehen, er legt sich auf übertriebene Weise mit den wichtigen Männern des Landes an. 1847, erst achtunddreißig Jahre alt, stirbt Poe nach einem letzten Saufexzess an Gehirnblutungen. Wir würden dem begnadeten Dichter heute wahrscheinlich zu einer Psychotherapie raten. Zu seiner Zeit gab es solche Möglichkeiten nicht. Die Plagen, die wohl tiefen seelischen Problemen entstammten, zerstörten das Leben dieses Mannes, obwohl er seine Berufung gefunden hatte.

»Freiheit aushalten« hat ein Kölner Kabarettist auf ein gelbes »Ausfahrt freihalten«-Schild drucken lassen. »Spaß am Leben aushalten« ist ebenfalls eine Herausforderung, auch wenn das auf den ersten Blick unsinnig erscheint. Die Sorge für sich selbst auf allen körperlichen und psychischen Ebenen ist der beste Schutz gegen die Macht der Plagen. Manchmal ist sie aber trotz der Berufung ohne fremde Hilfe nicht zu bewerkstelligen. Es bleibt uns nichts anderes übrig, als uns diese Frage ehrlich zu stellen und ebenso ehrlich zu beantworten. Es kann sein, dass die Angst vor der Antwort genügend Energie mobilisiert, den Anfang tatsächlich zu wagen und sich nachdrücklich um ein gutes Lebensklima zu bemühen. Nicht, dass mir das alles den Spaß an der Sache verdorben hätte, aber eines hat es mich gelehrt: Das Finden der Berufung ist erst die halbe Miete, das Anfangen und Durchhalten und sich nicht mürbe machen lassen ist die andere Hälfte.

Die größten Herausforderungen sind die zahlreichen inneren und äußeren Anfechtungen, die uns glauben machen wollen, dass unser neuer Weg doch eigentlich falsch sei und wir zurückkehren sollten zu den alten Gewohnheiten. Ob die Stimmen von außen über so genannte »Freunde« oder »Experten« oder aus uns selbst kommen, ist letztlich einerlei. Es ist gemein, aber sie besuchen uns vor allem in den Zeiten, in denen auch kreative Einfälle kommen könnten: vor dem Einschlafen, beim Aufwachen, mitten in der Nacht, wenn man zur Toilette muss. Da kommen sie, die Anfechtungen, die uns das Gefühl geben können, auf dem Holzweg zu sein. Das sind die echten Anfechtungen, auf die wir vorbereitet sein sollten.

Den meisten Religionen sind Anfechtungen oder »Versuchungen« wohl bekannt. Im Alten Testament haben sie buchstäblich biblische Ausmaße. Adam und Eva scheitern an der Versuchung durch die Schlange. Sie essen von der verbotenen Frucht und müssen fortan – vertrieben aus dem Paradies – »im Schweiße ihres Angesichts ihr Brot verdienen« beziehungsweise ihre »Kinder unter Schmerzen gebären«. Damit haben uns nach christlicher Vorstellung die guten Ureltern die Erbsünde eingebrockt. Es kann also höchst fatale Folgen haben, einer Anfechtung zu erliegen. Ein anderer Unglücksrabe ist Hiob aus dem Alten Testament. Der arme Mann musste eine Menge Unglück über sich ergehen lassen, um seine Treue zu Gott zu beweisen. Seine Kinder wurden getötet und sein gesamter Besitz vernichtet. Als er sich beklagte, wurde er auch noch zurechtgewiesen.

Auch Jesus musste sich mit Anfechtungen auseinander setzen. Bevor er überhaupt richtig zu predigen begann, musste er eine Prüfung bestehen. Der Geist Gottes selbst führte ihn nach Matthäus 4,1–11 in die Wüste, wo er vom

Teufel auf die Probe gestellt wurde. Jesus fastete vierzig Tage und Nächte lang und war entsprechend hungrig. In diesem Zustand erschien ihm »der Versucher« und stellte ihm nacheinander drei Fragen, die ihn zu Fall bringen sollten. Zuerst fragte ihn der Teufel: »Wenn du doch der Sohn Gottes bist, dann müsstest du doch eigentlich diese Steine hier in Brot verwandeln können.« Jesus war stark – es ließ ihn kalt. »Man soll Gott nicht versuchen«, meinte er trocken. Der Teufel probierte es ein zweites Mal: »Wenn du doch der Sohn Gottes bist, müsstest du doch ohne Probleme über diesem Abgrund springen und fliegen können. Zeig doch mal, was du kannst.« Auch hier blieb Jesus ungerührt und antwortete: »Es ist eine Sünde, Gott zu versuchen.« Jetzt griff der Teufel in die Trickkiste menschlichen Begehrens. Er zeigte ihm die schönsten Weltreiche der Erde und bot ihm an: »Das kannst du alles haben, wenn du in Zukunft mich anbetest.« Und was sagte Jesus? »Ich bete nur den einen Herrn an und sonst niemanden.« Damit war die Sache erledigt. Der Teufel trollte sich, und Jesus hatte die Anfechtungen überstanden. Er war jetzt dafür gerüstet, zu den Menschen zu predigen.

Typisch für die Vorstellungswelt der früheren Jahrtausende ist es, dass Jesus nicht von innen, sondern von außen, von einer anderen Person – dem Teufel –, versucht worden war. Gehen wir von Jesus als ganz normalen Menschen aus, so können wir nachvollziehen, welche inneren Bilder sich nach vierzig Tagen Fasten einstellen. Je öfter ich über diese Geschichte im Neuen Testament nachgedacht habe, desto klarer wurde mir, dass es auch in Bezug auf die ganz alltägliche heutige Berufung ähnliche Stimmen gibt. Sie stellen die eigene Berufung in Frage und uns selbst auf die Probe. So wie der Teufel Jesus bat, doch bitte schön Brote herbeizuzaubern, wenn er doch der Sohn Gottes sei, fragen Menschen: »Wenn es deine Berufung wäre, dann müsstest du doch richtig gut Geld damit verdienen.« So wie Jesus gebeten wurde, sich vom Felsen zu stürzen, um zu beweisen, dass er über göttliche Kräfte verfügte, fragen andere: »Wenn es deine Berufung wäre, müsstest du doch immer glücklich und zufrieden sein, da dürfte dir doch nichts mehr etwas anhaben können.« Und wie der große Versucher beim dritten Mal sagte, »ich gebe dir alle Weltreiche der Erde«, sagen diese Stimmen: »In deinem alten Beruf könntest du doch so glücklich sein und so viel Geld verdienen. Du hättest einen ganz anderen Status als heute, wo du wieder Anfänger bist und dich erst einmal ziemlich dumm anstellst.« Weitere Spielarten der Anfechtungen sind Sätze wie: »Das ist doch alles Quatsch, was du da vorhast«, »Das sind doch nur Träume, und Träume sind Schäume«, »Sei doch mal realistisch« oder »Denkst du nur an dich, du Egoistin?«. Sätze wie diese setzen uns herab oder appellieren an Schuldgefühle. Sie haben eine hohe Manipulationskraft.

Es sind meistens die Interessen anderer, manchmal sogar längst verstorbener Personen, die sich da Gehör verschaffen. Ob wir es von außen hören oder zu uns selbst sagen: Woher kommt diese Stimme? Wem gehört sie? Für wen spricht sie? Das sind die Fragen, die man sich stellen sollte, um ihnen und sich selbst wieder Herr oder Herrin zu werden. Wenn sie sich melden – ob über Freunde, Verwandte, Partner oder in uns selbst –, ist höchste Achtsamkeit gefordert. Sie sind tatsächlich die größten Hindernisse.

Analysieren wir das Phänomen dieser klassischen Anfechtungen also mit einem besonders scharfen Auge. Die Strategien sind immer die gleichen: Das Unmögliche wird verlangt, um uns zu zeigen, dass wir auf dem Holzweg sind. Oder es bieten sich angeblich noch schönere Landschaften im Austausch gegen unsere Berufung an. Hier ist Vertrauen vonnöten. Vertrauen kommt von »fest werden« gegen Zumutungen dieser Art. Es ist normal, dass wir mit einer neuen Tätigkeit eventuell zunächst oder auf Dauer weniger verdienen. Es ist normal, dass es uns auch mit der Berufung schlecht gehen kann, dass es Sorgen und Ängste gibt, die uns quälen. Seine Berufung zu leben heißt nicht, für immer glücklich und fröhlich sein. Natürlich kann es stimmen, dass man in seinem alten Beruf einen guten Status mit entsprechendem Einkommen hatte – man hat aber lange genug über den Preis nachgedacht, den man dafür bezahlt hat: ein Leben, das nicht zu einem gehört.

Ein besonderes »Schmankerl« aus dem Reich der Anfechtungen sind die Meinungen Dritter über das Leben an sich und im Besonderen. Ihre Waffe ist die Angst, bemäntelt mit der Vernunft. Gerne präsentiert sich diese Spezies in den Medien; seriösen wie weniger seriösen. Ihr bevorzugtes Vehikel sind schlechte Nachrichten, Horrormeldungen und Kommentare von Moralisten. Auf diesem Gebiet habe ich selbst viele Erfahrungen gesammelt. Ich dachte zum Beispiel darüber nach, ob ich mir meine Berufung denn ausgerechnet in einer Zeit leisten könnte, in der man doch »den Gürtel enger schnallen« oder sich um die Rente kümmern sollte. Ich war tatsächlich beinahe so weit, meine besten Jahre zu opfern, um genug für die Rente zu tun. Jede Zeit hat ihre »Argumente«, um Menschen davon abzuhalten, ihr Leben so zu leben, wie sie es möchten. Und jeder Mensch reagiert auf andere »Schlüsselsätze«. Ich bin mittlerweile davon überzeugt: Die heutigen Argumente sind nicht besser als die früheren. Wir entscheiden jeden Tag neu, ob wir unser Leben unfreiwillig in den Dienst anderer Leute und deren Weltbilder stellen wollen oder nicht. Am Ende wird uns kein Mensch davon erlösen, dass wir unser Leben vergeudet haben. Keiner wird »danke« sagen, wenn wir uns nach den »Erfordernissen der Zeit« gerichtet und unser Leben fremdgesteuert gelebt haben. Und für die Rente kann man ja trotzdem etwas tun.

Genau darum ging es auch Hermann Hesse, als er zu Beginn des vorigen Jahrhunderts die ständigen Forderungen an das Selbst mit seinem Konzept des »Eigensinns« beantwortet hat.[52] Wir haben bereits davon gehört.

Nicht umsonst fürchteten die Christen im Mittelalter nichts mehr, als dass sie der Teufel im Gewand des scheinbar Guten in Versuchung führe. Kein Geringerer als der Glaubensmann Martin Luther war der Ansicht, dass Versuchungen und Prüfungen direkt von Gott kämen und eine tolle Gelegenheit wären, seinen Glauben zu festigen. Wollen wir es mit Luther halten und die Anfechtungen, Prüfungen und Plagen als Chance begreifen. Wenn wir uns unter anderen Berufenen umsehen, gibt uns das Recht.

Denn jeder, der seine Berufung gefunden hat, kennt auch Krisen. Manchmal sind sie ein Motor, der eine wichtige neue Entwicklung erst antreibt. So ging es Monty Roberts, dem Mann, der als »Pferdeflüsterer« berühmt wurde.[53] Monty Roberts wird 1935 auf einer Ranch geboren. Seine Eltern sind Pferdetrainer und bewirtschaften eine große Ranch in Kalifornien. Montys erste Erinnerung ist, dass er sich an der Mähne eines Pferdes festhält, während hinter ihm auf dem Sattel seine Mutter sitzt, die gerade Reitstunden gibt. Mit vier Jahren gewinnt er seinen ersten eigenen Wettbewerb und setzt sich gegen Mitstreiter durch, die bereits 15 oder 16 Jahre alt sind. Von klein auf ist es sein Wunsch, als Profireiter und Pferdetrainer zu arbeiten und Karriere zu machen. Obwohl dieser Wunsch in Erfüllung geht, muss Monty Roberts schwere Lebenskrisen bewältigen, um seinen eigenen Weg in diesem Beruf zu finden. Montys Vater ist ein strenger Mann, der Pferde genauso wie seinen Sohn nach den Sitten seiner Zeit brutal »erzieht«. Er ist der Meinung, dass man den Willen der Pferde mit Gewalt brechen müsse, um sie an den Sattel und an den Reiter zu gewöhnen. Monty Roberts wird mit Abscheu Zeuge der grausamen Prozeduren, in denen die Pferde über drei Wochen »zugeritten« werden. Bereits als kleiner Junge litt er große Qualen, wenn er sah, welchen Schlägen und Demütigungen die Tiere ausgesetzt waren. Es müsste doch eine andere Möglichkeit geben, die sensiblen Vierbeiner an Menschen zu gewöhnen!

Aus der typischen kindlichen Mangelerfahrung macht Monty Roberts seine Berufung. Noch nicht einmal zehn Jahre alt, fängt er an, die wilden Herden zu beobachten. Er entdeckt, dass die Pferde untereinander eine ganz bestimmte »Sprache« haben, mit denen sie Konflikte lösen und Rangordnungen klären. Monty probiert aus, sich ähnlich wie die Leitstute mit den Pferden zu verständigen – und hat Erfolg. Die Pferde lassen sich ohne Gewalt einreiten. Er ist sich sicher, dass sein Vater ebenso wie er überglücklich und stolz sein wird, wenn er ihm vorführt, wie man Pferde ohne Probleme innerhalb von einer halben Stunde einreiten kann. Er weiß, dass er mit dieser Methode eine epochale Wende im jahrtausendealten Zusammenleben zwischen Menschen und Pferden herbeiführen könnte. Doch es kommt anders. Statt ihn zu loben und sich mit ihm zu freuen, zieht sein Vater eine Eisenkette hervor und prügelt seinen Sohn »windelweich«. Er verbietet ihm, jemals wieder mit dieser »Technik« mit Pferden zu arbeiten. Aus der bahnbrechenden Entdeckung des kleinen Monty wird eine persönliche Katastrophe, die ihn ein Leben lang seinem Vater entfremdet. Doch er gibt nicht auf. Der Konflikt mit dem Vater und die Erfolge mit den Pferden werden zu einem Motor, der sein Leben und seinen Ehrgeiz antreibt. Auch wenn er es still für sich behalten muss, forscht er weiter an der »Sprache« der Pferde und perfektioniert seine Technik weiter. Doch erst als erwachsener Mann – es kommt zum Bruch mit dem Vater, als der 17-Jährige seiner Mutter in der Küche von seinen Fortschritten erzählt – kann Monty Roberts offen so arbeiten, wie er es sich schon als Kind gewünscht hat. Zwar wird er zunächst weiter von den anderen »Spezialisten« misstrauisch beäugt, aber seine Erfolge, besonders mit schwer gestörten Pferden, sprechen sich bald herum. Es dauert noch bis 1989, bis Monty Roberts mit seiner Methode einen endgültigen Durchbruch erreicht: Die Königin von England bittet ihn zu Vorführungen nach Schloss Windsor. Seitdem hat er mehrere Beststeller über seine Technik geschrieben und zieht auf seinen Reisen und Vorführungen Tausende von Menschen an. Berühmte Gestüte haben damit begonnen, seine Methode zu übernehmen. Monty Roberts musste die Anfechtungen durch seinen Vater überstehen. Er ist an ihnen gewachsen und nicht zerbrochen.

Nicht immer kommen Anfechtungen und Prüfungen im Alltag so spektakulär daher. Ein wichtiger Partner springt von dem Projekt ab, an dem uns so viel liegt. Geben wir auf oder finden wir einen neuen Weg? Es ruft niemand an, obwohl man doch alles getan hat, um für sein tolles Angebot zu werben. In den Sack hauen oder eine neue Strategie probieren? Keiner will die schönen Cartoons haben, an denen man sich nächtelang die Finger wund gezeichnet hat. Stifte wegwerfen und wieder ins Büro gehen? Manchmal laufen die Dinge einfach nicht so, wie man es sich vorstellt. Die

Erwartungen, die wir an die Welt stellen, werden nicht erfüllt. Wir sind enttäuscht und fragen uns, ob das alles noch sinnvoll ist.

Es wird einfacher, wenn man sich die geheimnisvolle Sphinx ausmalt, die hinter diesen Fragen steht. Sie scheint uns immer das Gleiche zuraunen zu wollen: Stehst du zu deinen Träumen? Bist du in der Lage, Krisen kreativ zu bewältigen? Hast du die Geduld, auszuharren, wenn die Dinge Zeit brauchen und nicht sofort große Erfolge nach sich ziehen? Nimmst du dein Leben ernst genug, um dich nicht vom ersten Gegenwind umhauen zu lassen? Bist du bereit, deine Erwartungen oder dein Handeln zu korrigieren, um wieder ins Lot zu kommen?

Sabine war sich ganz sicher, mit ihren Trainings den Nagel auf den Kopf getroffen zu haben. Ein Veranstalter plante ein Event, für den ihr Thema geradezu wie geschaffen schien. Siegessicher schickte sie ihre Materialien los und wartete auf die Zusage. Die Tage vergingen. Niemand meldete sich. Als sie nachfragte, wurde sie kurz und bündig mit »kein Interesse« abgefertigt. Sabine konnte sich das nicht erklären. Andere Termine, die kurz vor dem Abschluss standen, platzten ebenfalls. Der Monat lief auf eine Nullrunde hinaus. Ein harter Schlag für eine Frau, die eben dabei war, für ihre Berufung in die Selbstständigkeit zu gehen. Nach einigen Wochen hatte sie beinahe ihr Selbstvertrauen verloren. Sie fing an, mit sich zu hadern, ob ihre Entscheidung denn richtig gewesen sei. Sie verlangte vom Schicksal, dass alles klappen müsse, wenn es denn wirklich ihre Berufung sei. Sie ging in sich und wägte alles ab. Es war doch richtig gewesen. Ja, es war wirklich ihre Berufung. Ihr Material schickte sie weiter heraus und öffnete ihr Trainingsangebot auch für private Kunden. Hier schaffte sie, wenn auch zu einem geringeren Preis, erste Kunden zu gewinnen. Als ob höhere Mächte sie nur hatten testen wollen, klingelte das Telefon. Die ersten Anfragen von großen Firmen kamen und mit ihnen die ersten Aufträge. Hätte sie sich nicht die Zeit gegeben, wäre sie vielleicht zurückgegangen ins alte Leben und hätte gar nicht erfahren, wie erfolgreich und zufrieden sie in ihrem neuen Beruf sein würde.

Was lernen wir daraus? Flauten gehören auf den ersten Blick zu den Plagen. Sie prüfen unsere Geduld und unser Durchhaltevermögen. Manchmal sind Flauten auch eine Gelegenheit, über neue Strategien innerhalb der Berufung nachzudenken. Müsste noch etwas vor dem Hintergrund der neuen Erfahrungen verändert oder justiert werden? Fehlen noch Fähigkeiten, die dringend erlernt werden müssten? Hat man bisher etwas Wichtiges übersehen und die Krise gebraucht, um darauf aufmerksam zu werden? Fest steht: Flauten können am besten überstanden werden, wenn man sie als Anlass nimmt, sich ehrliche, auch kritische Gedanken zu machen oder sich in der Kunst der Geduld zu üben. Auf jeden Fall prüfen sie unseren Heldenmut: Kämpfen wir um diese scheue Jungfrau, unser Leben, oder lassen wir es sein? Halten wir es mit Woody Allan: »Die Zukunft hält große Chancen bereit. Aber auch Fallstricke. Der Trick wird sein, den Fallstricken zu entgehen, die Chancen zu ergreifen und um sechs Uhr wieder zu Hause zu sein.«

Fassen wir zusammen: Anfechtungen, Krisen und Prüfungen gehören zu jeder Berufung. Wenn man beginnt, sein Leben neu zu ordnen und neue Prioritäten zu setzen, ändert sich das gewohnte innere Klima. Es fühlt sich zuerst fremd an. Und Fremdheit kann Angst erzeugen. Aber diese Veränderung des inneren Klimas bietet auch die Chance, Mut zu zeigen, loszulassen und Vertrauen aufzubauen.

Die Ausrüstung, die wir schon haben, ist ja nicht die schlechteste. An dem Tag, an dem man begonnen hat, wenigstens ein Stück seiner Berufung umzusetzen, hat man schon Vertrauen bewiesen und einen großen Meilenstein erreicht. Die innere Stimme hat sich mindestens einmal deutlich Gehör verschafft und man hatte den Mut, ihr und nicht den vielen Kritikern zu glauben. Erinnern wir uns: Vertrauen kommt im Altgermanischen vom Wortstamm »fest werden«, im weiteren Sinne bedeutet es »glauben«, »hoffen« und »zutrauen«. Vertrauen ist nicht etwas, das man einfach hat. Vertrauen ist etwas, was sich entwickelt, was sich festigt und mit Erfahrungen Hand in Hand geht. Bisher hatten wir mit unserem Beruf nicht die besten Erfahrungen.

Es ist also kein Wunder, wenn man in einem frühen Stadium seiner Berufung noch wenig Vertrauen zu sich und dem neuen Leben hat. Etwas zu wagen und auch Fehler zuzulassen braucht Zeit. Erst allmählich wird es gelingen, ein »Netz von Gewohnheiten zu knüpfen« (Wilhelm Schmid), das der neuen Lebenskunst entspricht. Bis das Neue zur Gewohnheit wird, gibt es Anpassungsschmerzen, die normal sind und ein Zeichen dafür, dass sich wirklich etwas ändert. Vertrauen in den eigenen Weg heißt nicht, wie religiöse Fundamentalisten an einer Idee starr festzuhalten und dafür zur Not »in den Tod« zu gehen. Das wäre ein fatales Modell, das jede Menge Heilige, aber nur wenige Glückliche hervorbrächte.

Es geht vielmehr darum, ein Gefühl für die eigene innere Stimme und die eigene Urteilskraft zu entwickeln. Immer mehr sich selbst statt anderen zu trauen und damit wirklich offen zu werden, ohne sich selbst untreu zu sein. Aus den funktionalen Gewohnheiten, die uns wohlmeinende Menschen mit auf den Weg gegeben haben, damit wir uns der Gesellschaft anpassen und uns in ihr zurechtfinden, werden autonome Gewohnheiten. Solche, die man selbst gewählt hat. Banale Erkenntnisse? Ich meine, diese sind in der Realität am schwierigsten umzusetzen.

Um etwas Trost bei diesen kühlen Forderungen nach Mut zum Risiko und zur Fähigkeit des Loslassens zu geben, habe ich immerhin etwas aus der Berufungs-Hausapotheke anzubieten. In der Bachblütentherapie gibt es ein geheimnisvolles Fläschchen, dessen Tropfen man sich dann zuführen soll, wenn man wirklich am Ende seiner Kräfte ist. Es gibt eine Frage, die man sich in der Krise stellen kann, die meiner Erfahrung nach im Notfall so wirkungsvoll ist wie die berühmten Bachblütentropfen: Würde es einen Unterschied machen, wenn ich meine Berufung leben oder nicht leben würde? Würde die Welt ein wenig besser oder schlechter sein? Würde mein Leben besser oder schlechter werden? Für mich und die meisten Menschen, die ich getroffen habe, war die Antwort dann wieder klar. Zumindest das eigene Leben, meist aber auch »die Welt«, würde ein Stück schlechter werden, wenn man seine Berufung nicht lebt.

Kongruenz oder der Schlüssel zum Erfolg

Was bedeutet es, Mut, Loslassen und Vertrauen in die Welt zu bringen? Es bedeutet ein tiefes Übereinstimmen mit sich selbst, ein Wissen darum, dass es keine Alternative zu dem Weg der Selbst-Verwirklichung gibt. Etwas Ego-Zentrisches im besten Sinne des Wortes fordert seinen Platz und sorgt dafür, dass man seine Existenz als sinnvoll und richtig erlebt. Selbst in Krisen gibt es eine tiefe innere Stimme, die weiß, dass es nicht um Grundsätzliches, sondern um Herausforderungen geht, die man irgendwie bewältigen kann. Der Satz »Es gibt nichts Richtiges im Falschen« dreht sich zu »Es gibt nichts wirklich Falsches im Richtigen«. Sicher, man macht weiter Fehler, sammelt Erfahrungen – aber in dem Wissen, dass man grundsätzlich »im Richtigen« lebt. Selbst wenn man im Sturm den Kurs ändern muss, weiß man, dass man im richtigen Boot sitzt. Das ist eine Kraft, die nur diejenigen kennen, die mit sich und ihrem Leben grundsätzlich einverstanden sind. Die große Frage nach dem »Warum« ist beantwortet. Die Energie fließt dorthin, wo unsere ungeteilte Aufmerksamkeit ist. War sie vorher bei den Problemen und den Fragen nach Sinn oder Sinnlosigkeit, so ist sie jetzt bei den tief erlebten und bejahten »Gründen« und bei den Lösungen. Wo aber Energie ist, bewegen sich die Dinge.

Das mag der Grund dafür sein, dass viele Menschen, die ihre Berufung leben, außergewöhnlich erfolgreich sind. Da sie nicht mehr im Kampf mit sich und der Umwelt verstrickt sind, gelingt es ihnen, sich zu konzentrieren. Sie haben gelernt, sich selbst zu trauen – jetzt trauen ihnen auch andere. Woran könnte das liegen? Menschen, die an sich selbst und ihren Weg glauben, strahlen eine gewisse Kongruenz aus. Man glaubt ihnen, was sie sagen. Gestik, Mimik und Worte ergeben eine Einheit. Auch wenn sie nicht vorgeben, alles im Griff zu haben. Auch Zweifel können kongruent sein, wenn das Grundvertrauen in sich selbst da ist. Das Wissen um die eigene Berufung ist also wie ein Motor, der das Lebensschiff auch bei schwerer See vorantreibt. Es ist möglich, dass man eine Zeit lang vom Kurs abkommt, aber die Fahrt geht irgendwann weiter, in die richtige Richtung. Die Zeiten, in denen man wie in einer Nussschale von einer Welle zur nächsten getragen wurde, sind vorbei.

Wenn wir anfangen, unsere Berufung zu leben, sind wir also auf alles vorbereitet: Erfolg ist wahrscheinlich, Krisen gehören dazu. Welche Art von Krise auch kommen mag: Vertrauen ist die wichtigste Ressource, um den Übergang vom alten in das neue Leben zu gestalten. Vertrauen braucht Zeit zum Entstehen und zum Festwerden. Vertrauen braucht aber auch Mut. Mut zum Risiko, Mut zur Selbstverantwortung, Mut zum Abenteuer des Lebens. Der große Philosoph der Lebenskunst, Michel de Montaigne, riet, sein Leben wie einen Versuch zu leben. Mit genug Offenheit für das Neue, das Ungewöhnliche und auch das Riskante. Nur dadurch könne man die Erfahrungen sammeln, der es bedürfe, um genug über das Leben zu wissen, um es in seiner ganzen Tiefe und Breite zu genießen. Wenn wir hier zaudern, kommen wir nicht über das Stadium der schönen Träume hinaus. Wer zu lange träumt und sich daran gewöhnt hat, die Träume nicht ernst zu nehmen, wird sein Leben wie aus zweiter Hand erleben. Wie einen mehr oder weniger unterhaltsamen Film, nach dessen Konsum einen ein besonderes Gefühl der Sinnlosigkeit und Leere überkommt.

Wie man sich auch entscheiden mag: Man hat immer die Wahl, das neu entdeckte Wissen in sein Leben zu integrieren, zu verschieben, zu verstecken, zu verleugnen und wie die Arten, seine Berufung wieder zu verlieren, noch alle heißen mögen. Wer aber mutig ist und Vertrauen vorschießt, macht die Erfahrungen, die jeder erlebt, der eine Bindung mit einem geliebten Menschen entstehen lässt: Zuerst scheint einen die große Leidenschaft schier zu zerreißen vor Glück, dann kehrt eine gewisse Ernüchterung ein, weil das Traumbild des Geliebten nicht der Realität entspricht. Man hat die Wahl: aufgeben und weitersuchen – in dem stillen Wissen, dass man sich nach einem unbarmherzigen Gesetz der ewigen Wiederkehr den gleichen Problemen aussetzt –, oder hindurchgehen, die Beziehung »überarbeiten« und an einem wirklich neuen Punkt ankommen.

Der Lohn ist groß: Wenn nach der Ernüchterung alle Anfechtungen überstanden sind und man sich nicht ruhelos dem nächsten Ziel verschreibt, wird man belohnt mit tiefer Zufriedenheit. Mit einer Welle von Glück, die mehr ist als die Summe aller Hormone und Endorphine zusammen. Im Falle der Berufung: mit dem Glück einer echten Partnerschaft mit sich selbst und der Welt. Nicht dass die Zukunft nur noch eitel Sonnenschein wäre – das würde auch einer echten Partnerschaft nicht gerecht –, aber man ist in einem Hafen angekommen. Einem Hafen, von dem aus man aufbricht und in den man wieder zurückkehren kann. Denn mit dem Leben verhält es sich wohl so wie mit den Schiffen, von denen Paolo Coelho schrieb: »Das Schiff ist sicherer, wenn es im Hafen liegt. Doch nicht dazu wurden Schiffe gebaut.« (*Auf dem Jakobsweg*)

... WIE WEITER?

Zwischen der zugigen Weihnachtsnacht, in der ich meine Zukunft in den düstersten Farben malte, bis ich auf einmal wusste, was mir wirklich wichtig ist, und dem heutigen Tag sind Jahre vergangen. Mein Leben hat sich seither von Grund auf verändert. Es ist von einem anstrengenden, an äußeren Maßstäben ausgerichteten und dennoch beliebigen Dasein zu einem erfüllten, authentischen Leben geworden. Vielleicht ist die eigene Berufung das, was der Psychologe Stephen Gilligan die »unzerstörbare zarte, weiche Stelle« nennt[54], der Kern der eigenen Persönlichkeit. In ihr bündeln und entfalten sich die wichtigsten Aspekte unseres einzigartigen Selbst. Sich dieses Kerns bewusst zu sein, ist ein wirkliches Glück, das man nicht mehr missen möchte, wenn man es einmal erfahren hat.

Es war ein weiter Weg, zu diesem Kern vorzudringen, aber er hat sich gelohnt. Auch für die Menschen, mit denen ich gesprochen habe, hat es sich gelohnt. Für Friederike, die Kulturredakteurin, die sich von Berufs wegen in das Kulturleben der Hauptstadt »stürzt«, genauso wie für Katrin, die passionierte Sängerin, oder Kara, die als Führungskräftecoach täglich neue, erfrischende Begegnungen hat. Für Jochen, den Arzt, genauso wie für Judith, die engagierte Wissenschaftlerin, oder für Ralf, den Trainer, und die vielen anderen. Doch jeder Weg hat mit einem ersten Schritt begonnen.

Am Anfang steht meistens eine Krise. Diese Krise hat zwei Seiten. Eine gute und eine weniger gute. Die gute Seite ist, dass sie uns deutlich auf den Veränderungsbedarf hinweist, der in unserem Leben herrscht. Dann gibt es aber auch die zweite Seite. Sie ist mir erst im Laufe meiner Arbeit mit Klienten im Coaching aufgefallen. Manche Menschen geraten in eine Krise, in der sie zu wenig Energie zur Verfügung haben, um ihr Leben zu verändern. Ihre Energie ist meistens gebunden an eine unglückliche Vergangenheit, an scheinbar nicht lösbare Konflikte mit dem Partner oder der Familie, an finanzielle Probleme oder eine allgemeine Mut- und Perspektivlosigkeit. Ich bin dankbar dafür, von ihnen an meine eigenen Krisenzeiten erinnert zu werden. Und ich bin voller Vertrauen, dass es jedem Menschen gelingen kann, sich am eigenen Schopf aus der Misere herauszuziehen und zu einem authentischen, ganzheitlichen Leben zu finden. Einem Leben, in dem die eigene Berufstätigkeit genauso selbstverständlich zum Glück gehört wie gelungene Beziehungen und ein gesunder, erfüllter Lebensstil.

Manchmal müssen aber zuerst die dringendsten Probleme gelöst werden, bevor man sich auf die Suche nach der eigenen Berufung machen kann. Ein schlechter psychischer oder körperlicher Zustand ist also ein wichtiges Warnsystem, das den Beginn der Suche einleiten kann. Wenn aber keinerlei Ressourcen da sind, um neue Denkwege zu gehen und wichtige Entscheidungen zu treffen, muss man zuerst diese Ressourcen auffüllen und von dort aus die Reise zu einem erfüllten authentischen Leben beginnen. Viele Menschen machen den Fehler, Entscheidungen dann zu treffen, wenn es ihnen besonders schlecht geht. Dieses Denken kommt aus der Überzeugung, dass man dann etwas ändern muss, wenn man am Tiefpunkt angekommen ist. Sie hoffen, unter Druck etwas zum Besseren zu verändern. Manche glauben sogar, nur unter Druck überhaupt etwas verändern zu können. Solche Entscheidungen sind aber meist nicht viel wert. Wenn wir gute Entscheidungen für unser Leben treffen wollen, müssen wir aus einem guten Grundzustand heraus handeln. Erst dann sind wir richtig »arbeitsfähig« und können uns ernsthaft auf die Suche nach unserer Berufung machen.

Erinnern wir uns noch einmal, welche die ersten Schritte sind. Da ist zunächst die Suche in der Vergangenheit. Die große Herausforderung ist, die eigene Vergangenheit weder als belangloses »Vorbei« noch als Hort immer währenden Schmerzes zu betrachten, sondern als eine Art verwunschene Insel, auf der ein Schatz vergraben liegt. Und diesen Schatz müssen wir ausgraben! Er kann verbunden sein mit schönen, längst vergessenen Eindrücken, er kann aber auch an Mängel erinnern, die wir als Kind schon einmal genutzt haben für unsere eigene Entwicklung. Besondere Stärken und Talente zeigen sich in der Nachbarschaft von Lob und Anerkennung genauso wie in der von Schmerz und Zurückweisung. Die kindliche Vorstellungskraft gleicht aus, was uns die Welt nicht zu bieten vermag, und fördert wunderbare Talente, Begabungen und Herzenswünsche zutage. Oft liegt dieser Schatz begraben unter Jahrzehnten der Verdrängung und des Vernünftigseins. Aber er ist da und er lässt sich finden und ausgraben – wenn man nur danach sucht.

In einem nächsten Schritt geht es um die guten Momente in der Gegenwart. Wann geraten wir in einen Flow-Zustand? Wann vergessen wir alles um uns herum und gehen in einer Tätigkeit auf? Wann ist es sogar so, dass wir, während wir das tun, uns selbst sehen und aus tiefstem Herzen »ja« sagen zu dem, was wir sind, wenn wir das tun, was wir tun. Gibt es solche Momente, solche Tätigkeiten? Wenn nicht im Beruf, dann vielleicht in unseren Hobbys oder im Zusammensein mit anderen Menschen? Wer seine Berufung gefunden hat, erlebt den Großteil seiner Arbeitszeit in einem solchen Flow-Zustand. Zeit ist dann nichts mehr, was man absitzen möchte, sondern eine Ressource, die man nutzt und lieber ausdehnen als abkürzen will.

Die Suche wäre nicht vollständig, wenn wir nicht unsere Vorstellungen von der Zukunft einbeziehen würden. Jeder von uns hat Visionen, wie eine glückliche Zukunft aussehen würde. Zunächst ist alles erlaubt, was in den Sinn kommt. In den meisten Fällen kommen zuerst typische »Urlaubsphantasien«. Da geht es um ein Leben in der Karibik, materiellen Wohlstand, nie wieder arbeiten müssen. Stellt man sich aber darüber hinaus immer weiter die Frage »Und dann?«, dringt man allmählich zu dem vor, was wirklich zählt. Zu wissen, was wirklich zählt, ist ein unschätzbarer Meilenstein auf dem Weg zu einem authentischen Leben. Denn nur wenn man weiß, was einem wirklich wichtig ist, kann man die richtigen Prioritäten setzen und gute Entscheidungen treffen. Zu wissen, was wirklich wichtig ist, ist nützlicher als ein zu früh gestecktes konkretes Ziel. Denn die Vision von einem erfüllten Leben kommt noch vor den Zielen, die diese Vision in die Tat umsetzen sollen.

Wenn wir die Reise durch Vergangenheit, Gegenwart und Zukunft nach bestem Wissen und Gewissen bewältigt haben, ist es Zeit, zwischen den drei Bereichen eine Verbindung zu suchen. Wie passen die Puzzleteile zusammen? Was ist sinnvoll? In vielen Fällen kann das Bewusstsein zu

Beginn den roten Faden noch nicht finden. Wir müssen auf unser Unterbewusstsein vertrauen, das die Aufgabe, die wir ihm gestellt haben, immer ernst nimmt und selbst dann, wenn wir schlafen, weiter daran arbeitet. In Träumen, in Tagträumen, in kurzen Momenten der »Erleuchtung«, wenn wir Zusammenhänge zwischen Dingen sehen, die vorher getrennt vor uns standen. An dem Punkt, an dem das Thema an das Unterbewusste abgegeben wird, ist die vielleicht größte Disziplin gefragt. Die Disziplin des Loslassens. Wir müssen mit unserem bewussten »Ich« Möglichkeiten schaffen, damit das Unterbewusste gut arbeiten kann. Wir brauchen Entspannung, ruhige Momente, eintönige Tätigkeiten, um die Erkenntnisse aus unserer inneren Parallelwelt aufblitzen zu lassen. Bekommt das Bewusstsein zu fassen, was unbewusst bearbeitet wird, dann kommt es zu den »Eingebungen« großer Künstler und Wissenschaftler, aber auch zur Erkenntnis der zahlreichen »Berufungserlebnisse« in Vergangenheit und Gegenwart. Sie sind da. Und von hier aus können wir wieder ganz unserem Bewusstsein vertrauen.

Jetzt ist Planen, Probieren und Arrangieren gefragt. Es geht darum, einen »Schlachtplan« zu entwickeln, wie wir nach und nach die neuen Erkenntnisse über unsere Berufung in unseren Alltag integrieren können. Manchmal müssen wir neue Fähigkeiten erlernen, müssen etwas in unserer Umgebung verändern – vielleicht umziehen, vielleicht neue Menschen treffen, vielleicht auch alte Beziehungen überdenken. Wir werden uns zunächst einmal fremd fühlen. Und das ist normal. Lernen erfolgt in drei Schritten. Zuerst ist da das Wissen darum, dass man etwas nicht kann. Diese Stufe ist die *bewusste Inkompetenz*. Autofahrer können sich dazu gerne an die Zeit vor dem Führerscheinkurs und an die ersten Fahrstunden erinnern. Dann lernen wir nach und nach die neue Fertigkeit. Wir wissen, was wir tun müssen, um es richtig zu machen. Wir stehen auf der Stufe der *bewussten Kompetenz*. Danach verinnerlichen wir das Gelernte so weit, dass wir uns dieser Fähigkeiten gar nicht mehr bewusst sind, wenn wir sie anwenden. Wir stehen auf der Stufe der *unbewussten Kompetenz*. Wenn man längere Zeit Auto fährt, muss man sich nicht mehr auf das Bedienen des Fahrzeuges, sondern nur noch auf den Verkehr konzentrieren. Auf der Stufe der unbewussten Kompetenz können wir uns wieder über neue Lernfelder Gedanken machen und den Zyklus der Kompetenzstufen neu durchschreiten. Die Erfahrung zeigt, dass es vielen Menschen, wenn sie einmal erwachsen sind, immer schwerer fällt, die ersten beiden Stufen anzugehen und zu bewältigen. Sie fürchten sich vor dem Neuen, fürchten sich davor, »sich dumm anzustellen« oder »wie ein Idiot« dazustehen. Es wäre ihnen dann manchmal lieber, sie würden im seligen Zustand der *unbewussten Inkompetenz* verharren, also gar nicht erkennen, dass sie etwas lernen sollten.

Wer seine Berufung gefunden hat, kommt um die Lernzyklen nicht herum. Und je nachdem, wie sehr der eigene Stolz, die Bequemlichkeit oder »ungünstige Umstände« durchschlagen, kann es zu Problemen kommen. Denn letztlich gehen wir ein Wagnis, ein echtes Risiko ein. Wir wissen noch nicht, wie es ist, mit unserer Berufung zu leben. Manchmal ist es wichtig, zu hohe Risiken so abzufedern, dass ein Leben mit der Berufung möglich ist, ohne in der Übergangszeit zum Beispiel die eigene materielle Existenz zu gefährden. Eine Form, die sich bei vielen Leuten bewährt, ist die von mir so genannte »Doppelexistenz«, in der nicht alles auf die Karte der Berufung gesetzt wird, sondern ein zweiter Bereich für Ausgleich und Stabilität sorgt. Entweder dauerhaft oder für den Übergang, bis das zarte Pflänzchen des Neuanfangs stark genug ist, sich selbst zu behaupten.

Wir haben Vorstellungen davon, wie ein Leben mit der Berufung aussehen könnte, aber diese sind oft anders als die Realität. Zahlreiche Anfechtungen stellen dann unseren Plan in Frage oder zwingen zu Veränderungen. Aber das einmal gewonnene Wissen verankert sich so tief in Gefühl und Verstand, dass es sich nicht mehr dauerhaft verdrängen lässt. Selbst wenn man eine Weile vom Weg abkommen sollte und die Flucht in die Vergangenheit antritt, wird man nicht lange dabei bleiben und sich wieder in die richtige Richtung aufmachen. Denn, und hier verrate ich ein Geheimnis: Die Wirklichkeit ist noch besser als die Phantasie. Warum das so ist? Weil wir eine persönliche Entwicklung in Gang setzen, die sich auf alle Lebensbereiche bezieht.

Wenn wir unser Leben aus unserer Mitte heraus angehen, dann stehen uns jede Menge Ressourcen zur Verfügung. Herz und Verstand wollen in die gleiche Richtung. Und das gibt Power! Aber es kommt noch besser. Sind die ersten Schritte gut bewältigt, werden neue Energien frei für Themen, die wir bisher gar nicht anzugehen wagten. Denn der Alltag ist kein Berg mehr, den man jeden Tag erklimmen muss, sondern eine Aussichtsplattform, von der aus man neue Ziele ansteuern kann. Wir erkennen nach und nach, welches ungeheure Potenzial in uns steckt. Und wir brauchen uns nicht mehr davor zu fürchten. Denn wir sind schon einmal ein Risiko für ein besseres Leben eingegangen, und das macht uns stark für weitere Versuche. Plötzlich sind »lebenslanges Lernen« und die eigene Veränderungskompetenz kein leeres Gerede mehr, sondern selbst erprobte Praxis. Wir fragen uns nicht mehr, warum etwas nicht gehen kann, sondern wie es gelingen wird. Wenn wir Albert Einstein glauben, ist es das, was erfolgreiche Menschen von anderen unterscheidet. Denn für die einen bleiben Lebensträume nichts als Schäume. Für die anderen werden sie Wirklichkeit.

ANHANG

LITERATUR

Abell, Arthur, M., Gespräche mit berühmten Komponisten, Hamburg 2002.

Arendt, Hannah, Vita activa oder Vom tätigen Leben, München 2002.

Augustinus, Bekenntnisse, München 2000[9].

Ball-Hennings, Emmy, Ruf und Echo. Mein Leben mit Hugo Ball, Frankfurt a. M. 1990.

Bentley, James, Albert Schweitzer. Eine Biographie, o. O. 1993.

Bock, Petra, Koblitz, Katja (Hrsg.), Neue Frauen zwischen den Zeiten, Berlin 1995.

Braig, Axel, Renz, Ulrich, Die Kunst, weniger zu arbeiten, Berlin 2001.

Brockert, Siegfried, Du sollst dich lieben. Das neue Menschenbild der Positiven Psychologie, München 2002.

Brod, Max, Über Franz Kafka, Frankfurt a. M./Hamburg 1966.

Burkitt, Ian, Social Selves. Theories of the Social Formation of Personality, London 1991.

Cameron, Julia, Mit offenen Augen durch die Welt. Neue Wege zu mehr Kreativität, München 2003.

Csikszentmihalyi, Mihaly, Lebe gut! Wie Sie das Beste aus Ihrem Leben machen, München 2001.

Derks, Lucas, Das Spiel sozialer Beziehungen, Stuttgart 2000.

Eliade, Mircea, Geschichte der religiösen Ideen. Bd. 1, Freiburg/Basel/Wien 1978. Neuauflage 2002.

Eliade, Mircea, Campbell, Joseph, Golowin, Sergius, Die großen Mythen der Menschheit, München 2002.

Forschner, Maximilian, Über das Glück des Menschen, Darmstadt 1993.

Frankl, Viktor E., Ein Psychologe erlebt das Konzentrationslager, in: ders., Der Mensch vor der Frage nach dem Sinn, München 2003, S. 164–178.

Gilligan, Stephen G., Liebe dich selbst wie deinen Nächsten. Die Psychotherapie der Selbstbeziehungen, Heidelberg 2004.

Graichen, Gisela, Ellerbrock, Nanou, »... mir reicht's«. Gespräche mit Aussteigern, Hamburg 1981.

Hackenesch, Christa, Jean-Paul Sartre, Hamburg 2003.

Harvey, Miles, Gestohlene Welten. Eine Kriminalgeschichte der Kartographie, München 2001.

Herrmann, Joachim, Heinrich Schliemann. Wegbereiter einer neuen Wissenschaft, Berlin 1974.

Herrigel, Eugen, Zen in der Kunst des Bogenschießens, München 2003.

Hesse, Hermann, Eigensinn, Reinbek bei Hamburg 1996.

Johnstone, Keith, Improvisation und Theater. Die Kunst, spontan und kreativ zu agieren, Berlin 2000.

Jung, C. G., Erinnerungen, Träume, Gedanken. Aufgezeichnet und herausgegeben von Aniela Jaffé, Düsseldorf und Zürich 2003 (zuerst 1961).

King, Serge Kahili, Huna. Der hawaiianische Weg zu einem erfüllten Leben, Stuttgart 2004.

Kerlen, Dietrich, Edgar Allan Poe, Elixiere der Moderne, München 1988.

Klein, Gisela, Gabriele Münter und Wassily Kandinsky, Frankfurt a. M. 1998.

Leppmann, Wolfgang, Rilke. Leben und Werk, Bern/München 1993.

Lottmann, Herbert, Flaubert, Frankfurt a. M. und Leipzig 1992.

Müller, Lutz, Lebe dein Bestes. Individuation und Lebenskunst, Düsseldorf/Zürich 2001.

Prinz, Alois, »Und jedem Anfang wohnt ein Zauber inne«, Weinheim und Basel 2000.

Roberts, Monty, Der mit den Pferden spricht, Bergisch-Gladbach 1999.

Safranski, Rüdiger, E. T. A. Hoffmann, Frankfurt a. M. 1998.

Schmid, Wilhelm, Philosophie der Lebenskunst, Frankfurt a. M. 1998.

Starkie, Enid, Das Leben des Arthur Rimbaud, München 1990.

Steffahn, Harald, Schweitzer, Hamburg 1979.

Stein, Murray, C. G. Jungs Landkarte der Seele, Düsseldorf/Zürich 2000.

Storr, Anthony, Schöpferische Einsamkeit, Wien 1990.

Suzuki, D. T., Die große Befreiung. Einführung in den Zen-Buddhismus, Bern 1979.

Theologische Realenzyklopädie, I, Bd. V, Art. »Beruf«, Berlin/New York 1980, S. 654–671

Theologische Realenzyklopädie, I, Bd. V, Art. »Berufung«, Berlin/New York 1980, S. 676–713.

Thiele-Dohrmann, Klaus, Intuition. Göttlicher Funke oder unbewusster Datenspeicher?, Hamburg 1990.

Weber, Max, Asketischer Protestantismus und kapitalistischer Geist, in: Weber, Max, Soziologie, Weltgeschichtliche Analysen, Politik, Stuttgart 1964.

Zimmermann, Hans Dieter, Heinrich von Kleist, Reinbek bei Hamburg 1991.

ANMERKUNGEN

1 Stein, Murray, C. G. Jungs Landkarte der Seele, Düsseldorf/Zürich 2000, S. 72.

2 Die Bedürfnispyramide von Maslow (1908–1970) baut sich von unten nach oben folgendermaßen auf: Grundbedürfnisse, Sicherheit, Soziale Bindungen, Soziale Anerkennung, Selbstverwirklichung. Vgl. Maslow, Abraham Harold, Motivation und Persönlichkeit, zuerst 1954.

3 Frankl, Viktor E., Der Mensch vor der Frage nach dem Sinn, München 1979.

4 Schmid, Wilhelm, Philosophie der Lebenskunst, Frankfurt a. M. 1998.

5 Augustinus, Bekenntnisse, Achtes Buch, München 2000[9], S. 215.

6 Leppmann, Wolfgang, Rilke. Leben und Werk, Bern/München 1993.

7 Ball-Hennings, Emmy, Ruf und Echo. Mein Leben mit Hugo Ball, Frankfurt a. M. 1990, S. 25–27.

8 Ein Klassiker dazu: Burkitt, Ian, Social Selves. Theories of the Social Formation of Personality, London 1991. Eine besonders interessante Studie über die mentale Konstruktion und Veränderungsmöglichkeiten des eigenen Selbstbildes und der inneren Repräsentation der sozialen Umgebung bietet Derks, Lucas, Das Spiel sozialer Beziehungen, Stuttgart 2000.

9 Jung, C. G., Erinnerungen, Träume, Gedanken. Aufgezeichnet und herausgegeben von Aniela Jaffé, Düsseldorf und Zürich 2003, S. 95.

10 Johnstone, Keith, Improvisation und Theater. Die Kunst, spontan und kreativ zu agieren, Berlin 2000, S. 142 ff.
11 Hackenesch, Christa, Jean-Paul Sartre, Hamburg 2003.
12 Brod, Max, Über Franz Kafka, Frankfurt a. M./Hamburg 1966.
13 Prinz, Alois, »Und jedem Anfang wohnt ein Zauber inne«, Weinheim und Basel 2000, S. 9.
14 Golowin, S., Mircea, E., Campbell, J., Die großen Mythen der Menschheit, München, 2002
15 Rigveda X, 90, 11–12, in: Th RE, »Beruf«, S. 655.
16 Eine empfehlenswerte Abhandlung der »Glücksphilosophien« in der Antike und des Mittelalters bietet Forschner, Maximilian, Über das Glück des Menschen, Darmstadt 1993.
17 Zum Schicksal der so genannten Neuen Frauen in den 20er und 30er Jahren siehe: Bock, Petra, Koblitz, Katja (Hrsg.), Neue Frauen zwischen den Zeiten, Berlin 1995.
18 Arendt, Hannah, Vita activa oder Vom tätigen Leben, München 2002.
19 Vgl. zum Gesamtkomplex noch einmal: Storr, Anthony, Schöpferische Einsamkeit, Wien 1990.
20 Theologische Realenzyklopädie, I, Bd. V, Art. »Berufung«, Berlin/New York 1980, S. 676–713.
21 Weber, Max: Asketischer Protestantismus und kapitalistischer Geist, in: Weber, Max. Soziologie, Weltgeschichtliche Analysen, Politik, Stuttgart 1964, S. 357–381.
22 Ebenda.
23 Eliade, Mircea, Campbell, Joseph, Golowin, Sergius, Die großen Mythen der Menschheit, München 2002, S. 264.
24 Ebenda, S. 288.
25 Harvey, Miles, Gestohlene Welten. Eine Kriminalgeschichte der Kartographie, München 2001.
26 Bentley, James, Albert Schweitzer. Eine Biographie, o. O. 1993.

27 Starkie, Enid, Das Leben des Arthur Rimbaud, München 1990.

28 Zit. nach Hillman, James, Charakter und Bestimmung, München 2002, S. 36.

29 Zum Einlesen: Brockert, Siegfried, Du sollst dich lieben. Das neue Menschenbild der Positiven Psychologie, München 2002.

30 Mihaly Csikszentmihalyi: Lebe gut! Wie Sie das Beste aus Ihrem Leben machen, München 2001.

31 Roberts, Monty, Der mit den Pferden spricht, Bergisch-Gladbach 1999.

32 Die Beispiele der naturwissenschaftlichen Inspirationen sind dem Buch über Intuition von Klaus Thiele-Dohrmann, Intuition, Hamburg 1990, S. 109 ff. entnommen.

33 Herrigel, Eugen, Zen in der Kunst des Bogenschießens, München 2003.

34 Thiele-Dohrmann, Klaus, Intuition, Hamburg 1990, S. 116 nach D. T. Suzuki, Die große Befreiung, Einführung in den Zen-Buddhismus, Bern 1979.

35 Müller, Lutz, Lebe dein Bestes. Individuation und Lebenskunst, Düsseldorf/Zürich 2001.

36 Abell, Arthur, M., Gespräche mit berühmten Komponisten, Hamburg 2002, S. 111.

37 Golowin, Eliade, Campell. Die großen Mythen der Menschheit, München 2002, S. 123.

38 Schmid, Wilhelm, Philosophie der Lebenskunst, Frankfurt a. M. 1998.

39 Storr, Anthony, Schöpferische Einsamkeit, Wien 1990, S. 100.

40 Storr, Anthony, a. a. O., S. 46 ff.

41 Ein Buchtipp, um sich mit den wichtigsten Glaubenssätzen zu diesem Thema zu beschäftigen: Braig, Axel, Renz, Ulrich, Die Kunst, weniger zu arbeiten, Berlin 2001.

42 Das berichtet: Abell, Arthur, M., Gespräche mit berühmten Komponisten, Hamburg 2002. Abell, selbst amerikanischer Musiker, führte als junger Mann Gespräche mit berühmten Komponisten des 19. Jahrhunderts.

43 Orig. Collingwood, George Robin, An Autobiography, Oxford 1939, S. 3 f. Zit. nach Hillmann, James, Charakter und Bestimmung, München 2002, S. 30 f.

44 Jung. C. G., Erinnerungen, Träume, Gedanken. Aufgezeichnet und herausgegeben von Aniela Jaffé, Düsseldorf und Zürich 2003 (zuerst 1961), S.115 f.

45 Safranski, Rüdiger, E. T. A. Hoffmann, Frankfurt a. M. 1998.

46 Zimmermann, Hans Dieter, Heinrich von Kleist, Reinbek bei Hamburg 1991.

47 Zimmermann, Hans, a. a. O., S. 82.

48 Storr, Anthony, Schöpferische Einsamkeit, Wien 1990, S. 66 f.

49 Herrmann, Joachim, Heinrich Schliemann. Wegbereiter einer neuen Wissenschaft, Berlin 1974.

50 Ebenda, S. 14.

51 Zu den fünf Stufen des Bewusstseins nach C. G. Jung vgl. Stein, Murray, C. G. Jungs Landkarte der Seele, Düsseldorf/Zürich 2000, S. 210–222.

52 Hesse, Hermann, Eigensinn, Reinbek bei Hamburg 1996.

53 Roberts, Monty, Der mit den Pferden spricht, Bergisch-Gladbach 1999.

54 Gilligan, Stephen G., Liebe dich selbst wie deinen Nächsten. Die Psychotherapie der Selbstbeziehungen, Heidelberg 2004.